# LE FILS
# DE BABOUC
## A PERSÉPOLIS,
## OU
# LE MONDE NOUVEAU.

Hélas ! la vérité trop souvent est cruelle ;
On l'aime : et les humains sont malheureux par elle.

## A PARIS ;

Chez

{
Roland, Imprimeur, rue Thibau todé N°. 7.

De Senne, au Palais-Royal,

Et les Marchands de Nouv és.
}

Décembre 1790.

*Clef des Personnages qui figurent dans*
*ce Roman.*

| | |
|---|---|
| VEBANAR...... | Barnave. |
| BEAUMIRA..... | Mirabeau. |
| OSYMANDIAS..·. | Louis XVI. |
| *ARIMA-TONANIA.* | Marie-Antoinette. |
| LAYBIL....... | Bailly. |
| KÉREN........ | *Necker.* |
| NEACOLN...... | Calonne. |
| LEURYF........ | le feu Cardinal de Fleury. |
| *RIN-BRFNE*.... | le Cardinal de Lomenie. |
| THELMA...... | Charles de Lameth. |
| ONICHAMP..... | Champion, Archev. de Bordeaux. |
| TROPUD...... | Duport du Tertre. |
| ZALÈSKA...... | Cazalès. |
| PERSÉPOLIS... | Paris. |
| ELVERSIELS... | Versailles. |
| AZÉMA........ | Mlle. C... |
| BOLTERC...... | Colbert. |
| DERORLAS.... | Labordes. |
| TEMZ......... | Metz. |

*Les autres Personnages sont imaginés*

# AVERTISSEMENT.

Un descendant du mage *Smerdis,* de ce sage adorateur du feu, de ce premier ami de la liberté, paroît avoir été l'auteur du manuscrit *persan* que nous venons de traduire, et qui a été trouvé à *Alexandrie* dans les cendres de la bibliotheque, recueillie à grands frais par *Ptolomée Phi-ladelphe,* et incendiée, à la honte de l'esprit humain, sous le califat d'*Omar,* dans le septieme siecle.

Les rapports et les allusions de cet ouvrage antique avec notre révolution nous ont frappés : ils nous ont déterminés à en présenter le texte en françois ; c'est d'ailleurs un hommage que nous rendons à la mémoire du grand *Smerdis,* qui eut, dans le premier âge du monde, les mêmes idées, la même maniere de voir que

notre Assemblée nationale ; et qui
fut immolé à la tyrannie , n'ayant
pas trouvé malheureusement, auprès
de ses contemporains peu éclairés ,
assez de raison et d'énergie pour faire
adopter l'heureuse et juste applica-
tion de son système.

# LE FILS
## DE BABOUC
### A PERSÉPOLIS,
#### OU
## LE MONDE NOUVEAU.

### CHAPITRE PREMIER.

Les génies de la *haute Asie* ne cessoient de recevoir des plaintes contre les habitans de la ville de *Persépolis* ; *Ithuriel*, mandé, reçut de la part du président des reproches très-graves de ce qu'il avoit excusé, sur le rapport du Scythe *Babouc*, les Persépolitains, & d'avoir osé dire d'eux, que, si *tout n'y étoit pas bien, tout y étoit au moins passable. Babouc* n'éxistoit plus ; mais son fils *Azor* avoit hérité de sa sagesse & de sa philosophie : *Ithuriel* se hâte de descendre

A

dans la demeure de ce Scyte, la même qu'a-
voit habitée son pere, & qui étoit placée sur
le rivage de l'*Oxus*.

» Allez, lui dit l'ange : rendez-vous à
» *Persépolis*, qui a mérité la colere des puis-
» sances célestes ; les folies, les désordres
» des *Perses* sont à leur comble ; observez
» tout ce qui se passe dans cette ville im-
» mense, & sur la fidélité de votre rapport,
» nous déciderons s'il faut la détruire ou
» la corriger seulement ». *Azor* étoit philosophe ; il n'avoit jamais quitté son asyle, où
il avoit su trouver le bonheur ; il eut beau
représenter au génie qu'il ne connoissoit
personne à *Persépolis*, l'ange lui fit la
même réponse qu'à son pere : « tant-mieux !
» Vous ne serez point partial ; vous avez
» reçu du ciel le dicernement, c'est un assez
» beau présent, & j'y ajoute le don d'inspirer
» la confiance ; marchez, regardez, écou-
» tez, observez & ne craignez rien ; vous
» serez par-tout bien reçu «.

*Azor* part ; il ne tarde pas d'arriver à *Persépolis*. La premiere personne qu'il rencontre
est un bon citoyen qui, n'étant pour rien
dans les intrigues du gouvernement, lui
expliqua sans peine tout ce qui se passoit

dans la ville. « Nous sommes en proye, lui
» dit-il, aux projets avides des traitans, des
» gens d'affaires ; la cour doit plusieurs
» milliards qu'elle a empruntés pour fournir
» à ses prodigalités : sa demande consiste à
» engager la nation dans cette dette énorme ;
» pour y parvenir, elle vient de convoquer
» une assemblée de députés, élus par tous les
» *Perses*, & venus dans la capitale de toutes
» les provinces de l'empire ». — Et cette assemblée, dit le philosophe, doit donc payer
la dette nationale ? — Non ; mais elle est chargée d'établir les moyens de la liquider, & la
nation s'oblige à exécuter tout ce que décré-
tera ce conseil de représentans. Tout cela
sera très-difficile. — C'est donc la cour qui a
tort ? — Oui, sans doute ; elle n'a ménagé ni
les pleurs, ni le sang, ni les sueurs du peuple.

Comme il achevoit de prononcer ces mots,
le bon citoyen arrivoit devant sa porte, où
son épouse & ses enfans l'attendoient avec
impatience. *Azor*, quitté brusquement, continua sa route ; il se disoit à lui-même : *Je*
vois que la cour aura tort, & que l'ange
*Ithuriel* sera forcé de la punir ; il faut, une
fois pour toutes, lui apprendre à ne plus
abuser des larmes & des peines du peuple,

& lui persuader qu'elle est faite pour lui, pour faire son bonheur. Il demande une auberge, on la lui indique ; il vouloit dîner, il est conduit dans une grande salle où plusieurs citoyens causoient avec le plus vif intérêt ; il s'approche : on y tenoit les propos les plus contraires à ceux du bon patriote qu'il venoit de rencontrer.

Il s'apperçoit qu'on parle bien, que le ton & les manieres de cette compagnie annoncent une bonne éducation, une politesse bien cultivée & des graces ; il prête l'oreille. — Non, disoit-on, on ne concevra jamais l'audace de cette assemblée ; oser décréter que les biens des *Mages* sont à la disposition de la nation ! c'est une horreur, une injustice qu'il est impossible de concevoir, sur-tout dans un siecle de lumieres & de philosophie. *Azor* pensa, lui, qui étoit religieux & en correspondance avec les génies, que cette assemblée se montroit à la fois impie & sacrilége ; il ne vouloit pas aller plus avant. Il forma la résolution de quitter *Persépolis* aussi-tôt après son dîner, & de dénoncer les membres du pouvoir législatif, comme des monstres qu'il falloit livrer à toutes les fureurs des mauvais génies.

On s'assied. Tous les convives parlent des affaires publiques avec une volubilité qu'il avoit peine à suivre ; on rioit de bon cœur, on mangeoit avec plaisir & on buvoit un vin délicieux, dont les flacons se succédoient avec promptitude , parce que les convives versoient souvent. *Azor* ne pouvoit pas comprendre comment on pouvoit tant manger & boire, lorsque la patrie étoit en danger ; il douta de la sincérité des sociétaires parmi lesquels il se trouvoit ; il changea de résolution , il se repentit même de l'avoir sitôt formée, & il se détermina à écouter toutes les diverses classes de la société, de voir le conseil suprême des législateurs & la cour du *grand roi*. Les orateurs , à la fin du repas , étoient échauffés par des liqueurs qu'ils avoient prises, ils se fâcherent , ils se contredirent. *Azor* , scandalisé , quitta ce banquet & tout le monde lui exprima son regret de le voir partir ; il fut accompagné avec politesse , & salué avec toute les marques d'une affection douce. Il n'en fut pas dupe, il vit bien que ces gens là n'étoien point de bonne foi.

## CHAPITRE II.

En sortant de cet hôtel , il disoit :
» que cela est cher ! un dîner coûte à
» *Persépolis* une piece d'or ! tandis qu'aux
» bords de l'*Oxus* je fais meilleure chere
» pour deux dracmes de cuivre ; j'ai bien
» peur qu'il ne faille exterminer cette mal-
» heureuse cité , » —La nuit le surprit ; chemin faisant , il examina à travers les fanaux
qui éclairoient les rues , une foule de citoyens
& de citoyennes qui couroient à leurs affaires,
& qui n'avoient pas l'air de songer qu'on
venoit de violer les propriétés des mages &
que le courroux du ciel devoit en être la
suite. Il arrive devant un bel édifice , il
croit que c'est un temple ; il veut y entrer :
on lui dit que c'est un théâtre, il est obligé
de laisser à la porte deux pieces d'argent, &
il occupe l'une des premieres tribunes. qu'y
voit-il ? Un roi de *Perse*, que sa mere égare,
que les mages subjuguent & qu'une piété
fanatique anime, un grand mage qui fait
sonner le tocsin , & qui reçoit le serment des
conjurés ; jurant tous d'exterminer une
secte de citoyens qui ne pensent pas comme

eux sur quelques points de la doctrine de *Zoroastre*. Il pleure un héros vertueux, qui, étant de cette secte malheureuse, est immolé par les fanatiques; il n'est point touché des remords impuissans du jeune roi. — La toile tombe : Il demande à son voisin si le fond de cette tragédie est vrai ? — On lui assure que rien n'est si avéré, & que toutes les histoires de la nation ont consacré ce malheureux événement. — Il se retire plein de l'horreur que lui a inspiré ce cruel spectacle; il pense que le conseil suprême des législateurs n'a peut-être pas tant mal fait, de déclarer domaines nationaux, tout l'immense patrimoine des mages, qui avoient causé tant de calamités.

## CHAPITRE III.

Rentré chez lui, il lui fut impossible de souper; la douleur le suffoquoit, & il eut toute la nuit le frémissement de la fievre.

Cependant il vouloit voir l'assemblée des législateurs; il demanda si l'on entroit facilement dans la salle où elle siege ? — On lui répondit que ses séances étoient publiques,

& que néanmoins pour y entrer il falloit avoir des billets : on lui en promit pour le sur-lendemain. Il avoit quelques lettres à porter chez un mage, qu'on lui avoit peint comme un homme de bien, & à qui il étoit recommandé. *Azor* prit ses plus beaux habits ; un char brillant le transporta chez le grand-prêtre. On lui fit l'accueil le plus flatteur, & on le pria à dîner. Il fut introduit dans un salon magnifique, où il rencontra l'élite de la cour, & plusieurs membres de l'assemblée législatrice. On l'environne de toutes parts ; on veut l'instruire ; c'est à qui obtiendra la parole pour tout lui conter. Un mage académicien, parvenu par son talent moins à des dignités qu'à la possession d'un riche patrimoine, obtint la parole. On fit silence, & le mage, nommé *Aurim*, prononça le discours suivant : « Vous êtes » étranger : vous venez vous instruire » de nos crimes : fuyez cette terre souillée » de sang & de meurtre. La nation parmi » laquelle vous êtes, a violé les droits du » trône ; elle lui a enlevé le privilege de » faire les loix, & d'en ordonner même » l'exécution. Six cents membres du pou- » voir législatif, élus & députés par le

» peuple , sont les auteurs de cette infernale
» conspiration , qui détruit la monarchie
» des *Perses* , & y substitue une démocratie
» tumultueuse. Le grand roi meurt de dou-
» leur; il ne cesse de gémir depuis que
» l'empire est livré aux horreurs de l'anar-
» chie & de la licence. Le croiriez-vous ,
» illustre étranger ? Les *Persépolitains* , ré-
» voltés il y a un an , ont détruit une for-
» teresse bâtie par l'un de nos meilleurs
» monarques ; ils ont arrachés de son asyle
» le gouverneur de ce fort, qui ne se défen-
» doit point; ils ont également enlevé l'un
» de ses centurions ; ils ont entraîné ces vic-
» times , au milieu de la grande place , ils
» les ont décapités, puis leurs têtes ont été
» romenées dans la ville au bout de deux
» piques. «. *Azor* frémit , il avoua toute son
indignation , il ne dissimula pas qu'aux
loix seules appartenoit le droit d'ordonner
des supplices; il pensa même se trahir &
révéler au cercle qu'il étoit envoyé de l'ange
*Ithuriel.*

» Je continue mon récit, dit le mage : Ils
» ont massacré plusieurs infortunés qu'ils
» ont suspendus à des branches de fer des-
» tinés à porter les fanaux que vous avez

» vu sur nos places publiques. Ils ont pris
» les armes contre leur légitime souverain ;
» & les voilà qui protégent les usurpateurs
» de son autorité suprême. — Mais, interrompt le sage *Azor*, il me semble que
vous êtes législateur ; & si cela est vrai ;
vous êtes donc aussi coupable d'usurpa-
tion ? « — Non assurément. Il y a dans
» le conseil deux partis : l'un soutient l'an-
» cien régime & l'autre défend le nouveau ;
» le premier se nomme le côté droit, & le
» second le côté gauche ; dans celui-ci, on
» distingue une foule de grands mages, de
» satrapes & sous-satrapes, il brille de tout
» ce que la nation a de plus illustre, de plus
» éclairé & de plus sage ; dans celui-là, vous
» y appercevrez une multitude d'hommes
» vulgaires qui ont prétendu avoir le droit
» de tout détruire, de ne rien conserver ; ils
» ont déclaré que la nation n'existoit point
» dans la cour ; qu'elle étoit tout, que les
» mages, la noblesse, le trône même, n'exis-
» toient que pour & par elle. Vous sentez
» toute l'impiété de cette maxime ? — Non ,
je vous assure : les *gouvernés* ont fait ceux
qui gouvernent ; il me semble qu'il est
juste d'établir une surveillance salutaire

de la part des nombreux représentés sur les représentans : je ne vois pas tant d'injustices dans cette prétention «. — Ce n'est pas » tout, illustre étranger : dans les provinces » le peuple *perse* a imité les excès des Persépolitains, & le sang de nos premiers » *satrapes* a souillé des mains meurtrieres, » & l'on a vu, depuis, deux têtes d'un beau-» pere & d'un gendre, portées dans *Persépolis*, au bout de deux lances ; la révolution » étoit finie, & c'est dans un moment de » paix & d'espérance, que le scandale de ce » crime nouveau est venu nous affliger.

*Azor* ne put retenir ses larmes ; le nom d'*Ithuriel* vint sur ses levres, il osa même le prononcer. On interrompit la conversation, en avertissant que le dîner étoit servi. Chaque convive prit un maintien grave, décent, & une phisionomie riante.

## CHAPITRE VI.

Le grand mage *Onichamp* fut salué avec respect par chaque invité. *Azor*, placé à côté de lui, excita, dans tous les esprits, la plus vive curiosité, & l'on vouloit savoir, sur-tout les femmes, quel étoit le motif de cette considération , dont étoit honoré le jeune *Scythe*. *Azor* s'apperçut de cette inquiétude; il osa dire à l'oreille d'*Onichamp* ce dont il venoit de s'appercevoir. Le dépositaire suprême des loix se fit un malin plaisir de parler souvent à l'oreille d'*Azor* , qui lui répondoit de la même maniere.

Jamais dîner ne fut plus gai ; les bons mots , les saillies , les anecdotes du jour , la médisance , la calomnie , tout servit à répandre dans la conversation un charme piquant & varié. *Azor* avoit à sa droite un représentant du peuple; douceur, lumieres, décence , amabilité, organe sonore & flexible , s'unissoient en lui à une politesse prévenante & facile ; il ne parloît jamais sans être intérogé , & ses réponses avoient toutes le caractere de l'ingénuité & de la franchise. Il fit l'éloge de l'*amitié bienfaisante* , avec une telle activité d'ame, avec un sentiment si pur , que le jeune *Scythe* disoit en lui-même : « Est-ce là l'un de ces hommes vul- » gaires dont me parloit tout à l'heure le » mage *Aurim*? Ces usurpateurs là, seroient- » ils donc les plus aimables & les plus cri- » minels ? »

Il n'y avoit pas encore un mois que le sang

humain avoit arrosé une ville de l'empire &
y avoit coulé à flots; l'on avoit oublié ces atro-
cités, & l'on ne songeoit qu'à plaire au gardien
suprême des loix. *Azor* ne concevoit pas le
caractere de ce peuple; il étoit incertain dans
sa confiance, qu'il ne savoit à qui donner. Il
auroit voulu faire connoissance avec le jeune
représentant ; mais une femme sut le dis-
traire; une physionomie intéressante & fraî-
che, un esprit mordant & toujours agréable,
des yeux, qui portoient dans l'ame un vif
attendrissement; des graces & toutes l'impé-
tuosité du bel âge, l'attrait d'un sourire en-
chateur, tout servit à embraser l'imagination
d'*Azor*; qui laissa partir l'aimable député, pour
ne voir que l'adorable *Cléobuline*, & pour
desirer de déposer toute la sagesse de *Babouc*
son pere aux pieds de cette belle ; mais *Azor*
qui avoit la figure d'un *Scythe*, c'est-à-dire
très-hideuse, ne se flattoit pas de plaire ;
& il avouoit lui-même qu'il ne pourroit
jamais conquérir à *Persépolis* le cœur &
la fidélité d'une belle & sensible maîtresse.

Pendant qu'il rouloit dans sa tête ses tendres
& douces réflexions, le député du peuple
salua avec beaucoup de grace les convives;
il partit, en disant qu'il étoit obligé de se

rendre dans un comité. *Azor* s'en attrista, & fixant ses yeux sur ceux de *cléobuline*, il y crut voir une profonde tristesse, il s'apperçut aussi que ces deux beaux yeux suivirent l'aimable fugitif.

*Onichamp* parla avec beaucoup de respect de l'assemblée des législateurs ; un *lettré* loua beaucoup la déclaration des *droits de l'homme*, il la regarda comme le *palladium* de la liberté individuelle & publique ; il vanta le zele, le génie, l'ardeur de *Beaumira*, son éloquence, son caractère, & les grands services qu'il avoit rendu à la révolution.

*Aurim* prit le ton du persiflage, par la crainte qu'il avoit de passer pour un imposteur dans l'esprit d'*Azor*, & c'est avec ce subterfuge, qu'il laissa le pauvre philosophe *Scite* dans une incertitude accablante.

On parla du grand roi. — *Onichamp* lui dit qu'il le présenteroit à ce bon monarque. » Vous avez oui parler d'*Osimandias*, vous » connoîtrez toutes ses vertus ; vous esti- » merez en lui l'honnête homme, l'homme » de bien ; ami fidele, citoyen bienfaisant, » bon pere, époux sensible ; il seroit comme » particulier, le meilleur, le plus respec- » table *Persépolitain* ; mais roi, nous le cite-

» rons comme un modele ; il veut que les
» peuples soumis à sa puissance soient
» heureux & libres; l'établissement de l'au-
» torité législative est son ouvrage : il ne
» desire que de porter le fardeau du sceptre,
» en laissant à la nation la faculté de le
» diriger par les mains de ses représentans.
» Il est accablé de tristesse ; il craint que
» les nouvelles loix , idées sublimes en
» *théorie*, ne soient pas faciles à pratiquer,
» & que cette difficulté ne fasse durant plu-
» sieurs années , le malheur de ses conci-
» toyens. Il est aimé de tout le monde ;
» s'il cessoit d'être roi, on se disputeroit,
» à l'envi, le plaisir de le rendre heureux:
» tout le monde l'approche , & il a l'art
» de se rendre cher à ceux qu'il accueille
» & favorise. Jamais le mensonge n'a souillé
» ses levres, & c'est à cette franchise que
» s'attachent plus particulierement l'affec-
» tion & la confiance. Vous le connoîtrez
» *Azor*, & vous remporterez , aux rives de
» l'*Oxus* , l'idée douce & pure que ce bon
» roi vous aura inspirée ». Le philosophe
*Scythe* voyoit dans *Persépolis* , tout ce qui
avoit frappé son pere; beaucoup de bien à
côté de beaucoup de mal ; mais dans le fond

de l'ame, il craignoit beaucoup la colere
d'*Ithuriel* contre les *Persépolitains*, à qui il
ne pardonnoit pas d'avoir assassiné tant de
*sous-satrapes*; & en même tems, *Cléobuline*
commençoit à lui faire oublier l'importante
mission dont l'ange *Ithuriel* l'avoit chargée.

## CHAPITRE V.

O N se leve, on passe au salon. *Onichamp*
causa avec *Azor* dans un coin de l'appar-
tement. Notre révolution tient au prodige,
disoit le grand mage, je souhaite qu'elle
se soutienne ; mais les élections ne sont
pas bien faites : ce sont des intriguans qui
ont eu l'art de se faire nommer par des im-
bécilles. — Comment cela ? Toutes les places
de l'empire sont donc électives ? — Oui sans
doute; & c'est le peuple qui élit. — Je conçois.
— Vous présumez bien que la nation n'est pas
assez mûre, assez expérimentée, pour se
charger d'un pareil ministere, & qu'en raison
de cette inexpérience, les élus sont presque
tous des sujets, que le pouvoir exécutif
pourra acheter quand bon lui semblera.

Nous savons que les bons citoyens
découragés,

découragés , ont dérobé leur zele modeste à la tyrannie des électeurs populaires, & qu'ils vivent en paix au sein de leurs foyers.

C'étoient ceux là que nous avions à craindre , & vous voyez que nous avons très-bien réussi à les éconduire ; nous sommes par là dans la position la plus avantageuse, parce que ce sera dans ce tourbillon de gens vendus ou prêts à se vendre, que l'on choisira les membres de la prochaine législature. Nous tiendrons la main pour que nos partisans remplissent les assemblées primaires , & ce soin assure à la patrie , l'heureux & salutaire retour du despotisme royal ; de sa certaine science & pleine puissance. Notre conduite produit deux bons effets : en dégoûtant les patriotes , elle les anime d'un sentiment de dépit contre le nouveau régime ; & ce sentiment nous les ramene. L'assemblée législative ne voit pas que le mode de nos manieres politiques s'applique uniquement à disposer ou à indisposer à volonté les esprits ; une fois maîtres de ceux-ci , nous saurons la mener *par le nez* , de gré ou de force. J'espere , mon cher *Azor* , vous écrire quelque jour, qu'*Osymandias* a recouvré tous ses droits, & qu'il est aussi puissant que *Sésostris* le fut en *Egypte* ».          **B**

Cet entretien fut interrompu par l'arrivée d'un page. — Monsieur, lui dit l'adolescent, la reine vous attend à sept heures précises. Le grand mage s'incline avec un profond respect; il promet d'être exact observateur des ordres de S. M. & il reconduisit le jeune homme en lui faisant plus de 20 révérences.

*Onirchamp* rentre dans le salon, avec l'air riant & satisfait. « Je prends congé de vous, Messieurs , & Mesdames ; je suis obligé d'obéir aux ordres de la reine , qui me demande pour sept heures précises». *Azor* étoit immobile d'étonnement , & tout en pensant qu'il étoit parmi des esclaves , il désiroit que la belle *Cléobuline* lui donnât des fers.

*Cléobuline* lui présente un siege, il y vole avec précipitation ; on veut savoir ce que c'est que ce *Scythe*, qu'on disoit être un philosophe : on osa lui demander s'il étoit membre d'une caste noble ? Il répliqua que son pere *Babouc* étoit un sage , que les *Scythes* avoient reconnu pour souverain, & que lui même il gouvernoit une grande contrée où régnoient la paix, les mœurs & l'innocence. « Vous voyez , Madame , » ajouta-t-il, que je suis le partisan des » rois , puisque je le suis moi-même ».

*Cléobuline* s'inclina avec respect, & le bon
*Azor* prit ce mouvement pour une premiere
marque de tendresse. — Le mage *Aurim*
reprit sa narration : « puisque vous êtes roi,
la cause d'*Osymandias* devient la vôtre ; je
vous ai conté toutes les horreurs que le
peuple a commises, & que les législateurs
ont souffertes. Bientôt, on est indigné de
ce que le grand roi n'habite pas *Persépolis* ;
les citoyens prennent les armes ; un peuple
immense les précéde dans leur marche :
tout le cortége se rend au séjour du souverain, on remplit son palais de meurtre &
de sang ; on menace les jours de son auguste
épouse ; on massacre plusieurs de ses gardes ;
on environne le couple auguste ; on hérisse
toutes les issues, toutes les avenues de dards
& de piques ; on met en fuite tous les
*Satrapes*, & l'on oblige *Osymandias* & sa
famille à promettre de venir, le jour même,
à *Persépolis* ; & quand ce bon prince ne
l'auroit pas voulu, il y auroit été forcé,
& son refus auroit exposé les jours de son
adorable compagne. On osa promener
dans la ville les têtes sanglantes des gardes
qu'on avoit massacrées ».

O Dieux ! s'écria *Azor;* que de crimes vous

m'annoncez ! & le ciel en courroux n'a pas
foudroyé cette ville impie? Croyez que la vengeance céleste ne tardera pas à éclater.

A l'instant, une troupe d'esclaves entre; elle
déploie une grande table couverte d'un tapis
vert. On y jette des cartes, tous les convives
s'empressent de s'asseoir; on fait approcher
*Azor*, sur lequel tous les yeux sont fixés; on
lui propose, on le prie de jouer. Les cartes
sont inconnues dans sa patrie, puisque l'on
y ignoroit qu'il y eût un roi en *Judée*,
& que le roi, nommé *David*, en fût l'inven-
teur; mais on lui dit qu'on le *conseillera*.
*Azor* ne tarde pas à perdre une somme
énorme, & tout en perdant près de 6000
pieces d'or, il craignoit de s'en plaindre
& de paroître ridicule. Les joueurs imagi-
nerent que leur soirée étoit assez lucrative;
ils s'apperçurent que le *Scythe* s'ennuyoit,
& ils lui firent la grace de lui promettre sa
revanche dans la maison de *Cléobuline*,
qui vint le prier à dîner pour le premier
jour de la semaine suivante.

Tout étonnoit le bon *Azor*. « Qu'est-ce
que tout cela veut dire? je viens d'être
volé par des *gens comme il faut*! Le
grand mage me quitte pour aller ramper

aux pieds de la reine. *Aurim* m'a conté des crimes affreux. Oh! oui, la nation *persépolitaine* ne peut être qu'une horde d'antropophages, puisque ses chefs me semblent si fripons : je dirai tout à *Ithuriel*, & il faudra que cette ville coupable périsse. Mais *Cléobuline !..* loin de moi la passion de l'amour.. Oh! non, je n'irai point chez *Cléobuline ,* je finirois par m'y attacher, & *Ithuriel* auroit sans doute raison de m'en punir ».

## CHAPITRE VI.

E n descendant l'escalier , il entendît des éclats de rire , & ces mots : *nous renvoyons le petit* roi de *Scytie, merveilleusement bien dépouillé.* C'est alors qu'il fut convaincu de la perversité des hommes & des femmes avec lesquels il avoit dîné ; « il y a dans toute cette manœuvre quelque chose d'affreux ; je saurai bientôt lequel des deux , du peuple ou de la cour a tort : il faut presser l'instant de notre instruction ».

De retour chez lui, il trouva sur sa table une foule de gazettes & de brochures; il s'amusa à les parcourir : toutes lui présenterent l'apo-

logie du roi , de ses ministres , de ses courtisans ; quelques feuilles seulement louoient
les opérations des législateurs ; mais en
général, cette collection lui parut une répé-
tition fastidieuse , mêlée de plates satyres
ou de plates apologies. Il aima à parcourir
l'éloge funébre d'un gazettier , qui étoit
devenu le législateur de sa patrie , qui ins-
titua le regne & les loix de la liberté parmi
ses concitoyens , & qui , sous un dais de
couronnes civiques , mourut environné de
ses nombreux enfans , & couvert des béné-
dictions de douze provinces, qui lui devoient
leur bonheur. Il s'étonna de ce qu'un mage
*persé* avoit prononcé cet éloge écrit en
style boursoufflé & oriental , mais respirant
l'énergie de la liberté ; & vantant son heureuse influence. Toutes les gazettes aristo-
cratiques lui semblerent timbrées du sceau
de l'imposture , il présuma que dans les deux
partis , on exagéroit beaucoup de choses, &
que des plumes vénales , dirigées par la dis-
corde , échauffoient tous les esprits. « Voilà
des gens , disoit-il , qui sont bien peu raisonnables ; puisqu'ils ont besoin pour se conduire
du flambeau de la raison d'autrui : nous
verrons ; s'il n'y avoit que cela à leur repro-

cher, *Ithuriel* ne seroit pas si en colere ».

Durant son sommeil, les attraits de *Cléobuline* tourmenterent son imagination ;
il ne vit que son image enchanteresse
& le bonheur de lui appartenir, il fit même
serment de renoncer à sa mission divine,
pour ne s'occuper que du moyen de plaire
à sa belle maîtresse. Tandis que des songes
imposteurs envoyés par l'amour, se jouoient
entre son ame & son cœur, *Ithuriel* lui
apparut : « *Azor*, tu aurois attiré sur toi
» la colere des génies, si je n'avois pas
» représenté que n'ayant rien de céleste,
» toutes tes foiblesses étoient l'effet de la
» nature humaine : surmonte-les durant le
» peu de jours que tu dois employer à remplir
» ta mission ; & sois sûr que tu jouiras de
» toutes les félicités de l'amour, sous les
» auspices de la fidélité & de la vertu ;
» aye le courage de te vaincre toi-même,
» tu en trouveras bientôt la récompense ».

*Azor* s'éveille, il se leve sur sa couche,
il se prosterne, il veut remercier le génie ;
mais il ne voit plus autour de lui qu'une
lumiere fugitive ; il ne respire qu'une odeur
infiniment agréable, qui l'invite à continuer
jusques au jour, un repos nécessaire, non
moins doux que paisible.    B 4

# CHAPITRE VII.

Oui, dit-il en s'éveillant, je ne veux plus aimer *Cléobuline* : elle ne me verra plus ; je l'ai juré à l'ange *Ithuriel*, & je tiendrai parole. Il achevoit à peine sa phrase qu'on vient lui remettre une lettre ; il ouvre cette épitre ; elle est de *Cléobuline* : « J'aurois
» voulu hier m'expliquer avec vous ; je savois
» que vous étiez logé dans la même maison
» qu'habite mon amant, vous m'avez paru
» obligeant & généreux ; je voulois vous
» prier de quelques démarches, qui auroient
» hâté l'accomplissement de mes vœux ; je
» vous envoie une partie de l'or, que vous
» avez perdu ; j'ai mieux aimé vous le gagner
» en apparence que de vous le voir enlever
» par des mains avides, qui n'ont jamais
» su connoître le plaisir pur d'être justes
» & de restituer. Demandez *Vebanar* ; il
» est connu ; il est chéri, il est estimé,
» il a la confiance de tous les bons *Perses* ».
A cette nouvelle, une douce joie se mêla dans le cœur d'*Azor* à quelqu'amertume ; mais la raison l'emporta sur l'amour ; le philosophe en pleura ; il fit un beau présent

à la femme de chambre qui avoit été chargée du message, il la pria de dire à sa maîtresse qu'elle étoit la plus belle comme la plus honnête des *persépolitaines*.

Je savois bien, s'écria-t-il, qu'un être aussi charmant étoit accompli, & qu'il étoit impossible de porter des yeux si beaux, sans qu'il y perçât les traits d'une belle ame : « oui, je ferai tout pour vous rendre heureuse, j'ajouterai quarante-six mille pieces d'or aux quatre mille que vous venez de me renvoyer. Vous pouvez compter sur le zele & la générosité d'*Azor* ; le génie *Ithuriel* me protege, il me fera réussir dans tout ce que j'entreprendrai pour le bonheur & la vertu ».

---

## CHAPITRE VIII.

L'HÔTE de la maison vint le voir ; il lui dit que plusieurs représentans du peuple *perse* logeoient chez lui, & que, lorsqu'il le voudroit, il les lui feroit connoître. — N'ai je pas pour voisin le député *Vebanar?* C'est celui dont je desire l'estime & l'amitié ; & quand vous pourrez le résoudre à dîner avec moi , en m'honorant , il me fera le plus grand plaisir. — Eh bien , je ferai mon possible pour qu'il soupe avec vous. Il n'a pas pu me donner un billet pour la séance d'aujourd'hui ; d'ailleurs , il faut aller au champ des guerriers , il y a une cérémonie funebre & patriotique qui mérite les regards d'un étranger. Si vous voulez me le permettre , je serai votre guide; il faut traverser toute la ville , & l'ordre est, de s'y rendre à pied.

Ils partent ; ils arrivent au milieu d'un vaste champ tendu de noir : un autel funéraire s'éleve au milieu ; tous les emblêmes de la mort l'environnent; des peupliers l'ombragent , & des vases noirs poussent une flamme mourante & fumeuse. Une armée magnifique & superbement tenue , entre dans le champ par six portes différentes : une musique lugubre se fait entendre à travers un silence douloureux & profond. Les députés du peuple *Perse* , au nombre de vingt-quatre , siegent au milieu des magistrats de la maison de ville , & d'une multitude immense , assise commodément autour de cette arène transformée en temple. Un recueillement religieux remplit toutes les

ames, & l'on est édifié de la piété des *Persé-*
*politains* , qui rendent un hommage vraiment civique à la mémoire de leurs freres
tués dans une ville de province.

*Azor* voulut savoir ce que c'étoit que ce
massacre ; un patriote se hâte de le lui
raconter : « Nos ennemis voudroient nous
» voir chargés de chaînes, notre liberté est
» une conquête présentée à leurs yeux
« comme un crime inexpiable , & ils em-
» ploient tous les moyens de la perfidie pour
» nous l'ôter. Ils sont parvenus, les cruels !
» à tromper nos malheureux freres. Les uns
» ont cru que les autres étoient rebelles,
» tandis que ceux-ci imaginoient qu'on
» venoit, parmi eux, causer une contre-
» révolution. Des légions avoient pris le
» parti du peuple, elles avoient refusé de
» tremper leurs mains dans le sang des
» *Perses* ; des officiers ont provoqué leur
» insubordination en les persécutant ; puis,
» ils les ont accusées auprès de l'assemblée
» législatrice qui n'a écouté que les accusa-
» teurs, & qui a rendu, contre les calom-
» niés , des décrets injustes, parce qu'ils
» sont des jugemens, & qu'il est illégal de
» condamner des citoyens , sans avoir

» entendu leurs défenses sur les dépositions
» faites clandestinement contr'eux. Ces dé-
» crets inhumains portent sur cette maxime :
» *Qu'il faut que les soldats obéissent.*
» Législateurs ! s'ils avoient obéi l'année
» derniere, ils auroient obéi pour vous égor-
» ger. N'avez-vous pas vu que la manœuvre
» de nos ennemis étoit de tromper les lé-
» gions & la puissance législatrice ? Il y a
» plus d'un mois que trois cents citoyens
» ont été immolés les uns par les autres, &
» c'est la cause de la pompe funébre que
» vous voyez ».

*Azor*, surpris de cette atrocité, laissa
couler des larmes : il ne comprenoit rien à
tant d'horreurs, il croyoit que la corruption
avoit trouvé accès dans le conseil des législateurs, & il pensa que ces crimes méritoient
toute la colere de l'ange *Ithuriel* ; néanmoins, il voyoit autour de lui quelques
vertus éparses ; ces chants lugubres, ces
offrandes pieuses de la reconnoissance, cette
tristesse qui exprimoient les regrets publics,
ces larmes fraternelles qui honoroient la
cendre des victimes, tous ces objets, mal
expliqués & à demi-dévoilés, ne le satis-
faisoient pas. « Il faut entendre d'autres

détails, disoit-il; ayons patience & courage
& nous en viendrons à bout».

On lui fit remarquer deux hommes; l'un
vêtu en guerrier, & l'autre en simple habit
noir. — Celui-là, lui dit-on, est le général
de l'armée *persépolitaine*, & celui-ci le chef
des magistrats du peuple. Je vous avoue,
continua le citoyen qui l'instruisoit, qu'il
eût été sage de ne pas célébrer ce service
funébre, nos freres y perdent un jour de
travail; ils expriment, il est vrai, leurs
regrets sinceres; mais ils auroient pu chez
eux, tout comme ici, les exhaler du fond de
leurs ames; si les sommes énormes, que
cette pompe funéraire coûte, avoient été
déposées avec la moitié de ce que chacun de
nos freres d'armes auroit gagné en restant
à leurs affaires, nous aurions recueilli plus
de deux mille pieces d'or que nous aurions
offertes aux veuves & aux orphelins des
malheureux immolés. Ah! s'il est vrai que
notre ame soit immortelle, si elle est affectée
des cris & des douleurs des vivans, si elle
peut voir souffrir ceux qui lui furent chers,
quels supplices sont les siens! Le moyen,
oui, le seul moyen de les calmer, est de
secourir nos freres & nos sœurs qui furent

les épouses ou les enfans de ces morts
chéris. Ces actes de bienfaisance seroient
plus agréables à l'Etre éternel que tous ces
chants, ces attitudes suppliantes, & la célé-
bration de ces mysteres qu'il faut inter-
rompre dès qu'il s'agit de voler au secours
des malheureux. J'ose vous le dire, & la
raison que j'écoute en fait une loi à ma
franchise ; il n'y a de vraie jouissance dans
cette cérémonie, que pour l'orgueil du
général & celui du chef des magistrats du
peuple. Je desire dans les hommes publics
des vertus modestes ; ni le héros ni le magis-
trat, idoles de leurs commettans, n'en paroissent doués ; ils étoient autrefois au niveau de
la liberté, je crains qu'il ne se soient mis au
niveau du despotisme. Cependant cette vaste
enceinte a été, est, & sera toujours le lieu
célebre où la nation entiere prononçât le
serment de vivre & mourir fidelle à elle-
même, à la loi & au roi ; c'est-à-dire, de
demeurer libre, & de combattre, dans tous
les tems, l'hydre renaissant du pouvoir arbitraire. Dieu veuille que nous tenions ce
serment sacré, qui engage également nos
deux chefs ! »

L'orateur patriote, bien qu'il fut un peu

atteint du pessimisme, lui révéla de grandes
vérités ; *Azor* eut le bon esprit de les comprendre dans l'acception qu'un homme sage
devoit leur donner ; il vit bien des torts dans
l'administration ; mais ainsi va le monde !
Les puissans veulent rapporter tout à eux ;
ils ont leurs flagorneurs , leurs prosélytes ;
& le plus grand malheur d'un peuple libre ,
c'est de payer assez bien ceux qu'il revêt
de sa confiance , pour qu'ils donnent des dî-
ners. — Telles étoient les réflexions d'*Azor*
pendant le tems qu'il mit à revenir chez lui.
Il ne se dissimula pas qu'il est plus aisé de
faire le mal que le bien , sur-tout aux gens
en place , environnés de vils intriguans ,
tous, plus les uns que les autres, intéressés
à les tromper.

## CHAPITRE IX.

En lui envoyant deux billets pour la séance
du lendemain , *Vebanar* lui fit dire qu'il lui
étoit impossible de souscrire à l'honnêteté de
son invitation, parce que sa mere & sa sœur
venoient d'arriver. *Azor* se vit contraint de
passer la soirée la plus ennuieuse ; mais ce

repos convint à sa santé , & il s'en trouva fort
bien le jour suivant.

Il se leve de bonne heure, il se fait habiller
ou plutôt parer ; l'éclat des diamans brille
dans tout son costume, & déjà le peuple sait
qu'il est le roi des *Scythes :* on le poursuit ;
on l'environne ; on le salue ; on le montre
aux citoyens, en déclarant qu'il est le fils du
sage *Babouc* , & que lui-même se nomme
le sage *Azor.* Il descend de son char : des
femmes effrontées l'abordent ; elles veulent
l'embrasser ; elles le pressent. Il ne sait pas ce
que signifie cette pression indécente ; il ima-
gine qu'on veut l'empêcher d'arriver. Il est
obligé de se débarrasser de quelques pièces
d'or, & il les donne volontiers, en croyant
qu'il faut, pour être admis dans l'assemblée
législative , payer comme à l'entrée des spec-
tacles. Ce scandale l'indigne & l'irrite ; il le
prend même pour une injure d'autant plus
répréhensible , qu'il étoit persuadé que des
législateurs n'auroient pas dû le permettre à
la porte de leur salle.

Un officier avoit remarqué son émotion.
« C'est l'usage : ce peuple qui vous environne ,
» lui dit-il , n'est pas heureux ; il demande
» ordinairement des bienfaits aux riches
qu'on

qu'on lui indique ». — Comment ! il y a des pauvres autour du corps législatif? Mais tout y devroit respirer la joie & le bonheur : vous m'affligez, monsieur le capitaine !

On le place dans une tribune; tous les spectateurs, comme tous les membres de l'assemblée, fixent leurs regards sur lui : on applaudit même en le voyant baisser les yeux & tenir le maintien le plus modeste. Il est surpris de ne voir aucune différence entre les représentans & les représentés ; il lui paroissoit juste que les douze cents législateurs eussent dans leur costume, non pour leur personne, mais pour annoncer l'importance de leur mission, une marque distinctive. En effet, tout homme qui en représente à-peu-près quarante mille, doit avoir un caractère visible ; & bien qu'il soit l'égal de ses freres, il seroit dans l'ordre qu'il eût un signe, non de supériorité, mais de la représentation qui le caractérise. *Azor* raisonnoit fort bien ; il eût été très-mal-adroit de lui répondre que ce n'est pas *l'habit qui fait l'homme*.

On ouvre la séance : Plusieurs orateurs vouloient parler ; le président annonça ceux qui avoient la parole : les uns haranguerent avec raison ; les autres s'exprimoient en énergu-

C.

menes. Bientôt il reconnut le jeune député qu'il avoit vu la veille chez le grand mage *Onichamp* : il demande comment il se nomme ? on lui répond : *Vebanar*. Il est au comble de ses vœux ; il pense qu'il va dire les meilleures choses, & il l'écoute avec l'attention la plus suivie. *Azor* comprit que l'empire manquoit de numéraire ; qu'il s'agissoit de rembourser une dette énorme, & que le projet de l'assemblée étoit de créer un papier-monnoie destiné à libérer cette dette ; il se rappella que les biens des mages avoient été mis à la disposition de la nation, & que leur valeur garantiroit la solidité du papier-monnoie proposé. Il demanda qui avoit fait une si grande dette ? — C'est la cour, lui repliqua-t-on ; elle a dévoré en outre, depuis seize ans, neuf milliards au moins, résultats des subsides prélevés sur le peuple. Il reste encore à payer une autre dette, appellée *dette constituée;* elle peut monter à trois milliards. Ainsi, la nation, qui a promis au *grand roi* d'acquitter ses engagemens, ne sera libérée qu'après avoir trouvé ce capital énorme, ou le moyen d'en liquider régulièrement les intérêts. — Combien y a-t-il de numéraire en *Perse ?* — Environ deux milliards quatre cents millions ; s'il faut en croire le ministre *Keren*, qui vient de se retirer. — Comment voulez-vous payer vos dettes, si vous n'avez que cette somme, égale à celle que vous devez d'une part, & si vous n'avez rien pour vous acquitter de l'autre? — On lui fit entendre qu'en payant les intérêts de la *dette constituée* la nation ne devroit rien, & que le corps législatif auroit rempli sa mission, s'il pouvoit parvenir à mettre les dépenses au niveau de la recette.

Il avoit peine à comprendre que des morceaux de papier dussent remplacer le numéraire effectif ; il leur donnoit la destination que le droit bon sens indique : « c'est-à-dire, prétendoit il, que vous donnerez des billets d'état à vos créanciers, & que ceux-ci ne pourront les employer qu'à l'acquisition des biens des mages ? Il me semble qu'il vous importe que tous ces domaines-là soient vendus le plus promptement possible ; ils sont sans doute en bon état, & tarder de leur donner des propriétaires, c'est travailler à leur détérioration ». Je vous ai conçu ; souffrez que je m'explique. « Je ne forcerois point la réception de ces billets d'état dans la circulation du commerce, je les distribuerois

à titre de remboursement , & ceux qui les
auroient reçus seroient obligés de recourir
sur le champ aux bureaux des aliénations, &
d'acquérir des domaines nationaux ». Ne
m'interrompez pas , je vous prie. » Le peu de
numéraire que vous avez continueroit néanmoins de circuler , parce que les mains qui
l'ont accaparé ont des besoins journaliers, &
que l'état d'accaparement ne peut avoir qu'un
tems ». Voici les conditions de mon décret :

1°. » Une émission de billets d'état pour la
somme que vous indiquez.

2°. Les forcer pour les créanciers de l'état,
non seulement titulaires , mais encore hypo-
théquaires sur les créances ; parce que les
uns & les autres me semblent copropriè-
taires , & qu'ayant couru les mêmes chances,
ils doivent participer aux mêmes avantages
comme aux mêmes préjudices.

3°. Donner un intérêt de cinq pour cent
durant dix-huit mois à chaque billet, cela
est juste ; il ne faut pas obliger ces propriétaires à dévorer leurs capitaux, parce que
n'ayant que leurs titres pour fortune, l'état
leur doit les intérêts jusques au moment
où ils seront devenus propriétaires terriens,
& qu'ils ont le droit de vivre jusques à

cette époque, eux & leurs familles; mais
ces délais expirés, il faudroit plaindre ceux
qui n'auroient pas placé leurs billets, ils
seroient alors sensés avoir été employés ,
& par conséquent éteints.

4°. Accorder une prime de deux & demi
pour cent aux acquéreurs des biens nationaux durant les six premiers mois ; un
& demi durant les six seconds mois , &
rien durant les six derniers.

5°. Distribuer sous deux mois tous les
billets d'état , & ne commencer la vente
des biens nationaux qu'après l'achevement
de la distribution , afin que tous les créanciers soldés puissent concourir, les uns quand
les autres, à l'enchere sur les biens de vos
mages.

Quand les riches seront devenus propriéé-
taires de tant de domaines , ils feront
travailler le peuple, parce que sans le travail de ce dernier , les biens nationaux
n'auroient pas de valeur, & insensiblement
le numéraire sera tiré des coffres-forts qui
l'enferment. L'état des créanciers chirogra-
phaires ne changeroit pas; au lieu d'exercer
leurs droits sur des feuilles de parchemin ,
ils les feroient valoir sur des meubles, des

C 3

maisons & des terres. Je veux dire : que
toutes choses demeurant en état, le mon-
tant des titres seroit transformé en valeur
réelle, en propriétés nationales. Qu'arrive-
roit-il alors? Les procès, les oppositions,
les poursuites ne seroient plus dirigées contre
les titres ; mais bien contre les possessions
qui les remplaceroient. Vous voyez que
le sort de vos créanciers ne changeroit rien
à celui des leurs, & que vous auriez l'avantage de ne point altérer le sort des uns & des
autres.

Pourquoi voulez-vous que la multitude
reçoive des morceaux de papier? Elle n'a
jamais prêté à l'état, elle n'a dû que lui
payer des impositions indirectes; comme
elle n'entra pour rien dans le tripotage des
empruns, il est souverainement injuste de
la faire participer aux embarras des rem-
boursemens. Ceux qui avoient acheté vos
offices, y ont trouvé sans doute leur profit;
ceux qui vous présentent aujourd'hui des
*titres exigibles*, n'ont rien prêté ou fourni
sans d'énormes bénéfices, & la position où
ils se trouvent est inséparable des hazards,
auxquels ils se sont exposés ; & puisqu'il
est vrai que le salut du peuple est la surprême

loi, sauvez donc le peuple, & voyez ensuite si cet ouvrage peut réussir en conservant les intérêts de ceux qui ont perdu l'état, en prêtant à la cour. Prenez-y bien garde! en faisant circuler vos billets d'état dans le commerce, c'est une tache d'huile que vous étendrez sur tous vos concitoyens; & il faudra un tems infini pour rassembler ces papiers là, lorsqu'ils seront disséminés; une fois répandus dans les mains de tout le monde, le riche n'ira pas les recueillir; comme il paroit contraire à votre révolution, il tâchera de laisser vos biens des mages à vendre. Ainsi l'assurance de votre liberté sera toujours retardée.

Tandis qu'il parloit ainsi, on achevoit l'appel nominal, & la loi qui en fut le résultat, déclara *forcée* l'émission des billets d'état. Le peuple applaudissoit de toutes ses forces à ce décret qu'il croyoit salutaire; il le reçut comme un bienfait du ciel. — *Azor*, qui lisoit dans l'avenir, s'écria : Le malheureux genre humain sera donc toujours fait pour tromper & pour être trompé, pour vivre oppresseur, ou dans l'état d'oppression? Nation infortunée! cette loi, fruit de l'intrigue & de l'erreur, te fera com-

mettre bien des crimes & bien des désordres ;
la misere, le désœuvrement, l'obstination
du riche, tout contraindra la multitude à
des excès d'autant plus coupables, qu'*Ithuriel*
se verra forcé de les punir. O *Perses !*
est-il possible que vous ne soyez pas mûrs
pour la liberté ! On lui dit qu'il étoit lui-
même dans l'erreur : il se rappella qu'il
falloit être doux & poli, pour mériter comme
étranger, chez une nation tumultueuse,
livrée momentanément à l'anarchie & à la
licence, les égards d'une hospitalité tran-
quille, & que d'ailleurs il étoit là pour
écouter & non pour donner son avis. Dès-
lors, il s'imposa un profond & respectueux
silence.

## CHAPITRE X.

Les membres du *côté droit* & ceux du
*côté gauche* l'environnent, c'est à qui verra
de près le roi des *scythes*, qui ne cesse
de les saluer, & de leur demander *Vebanar*
qui avoit disparu. Le seul qui adressa la
parole, *Beaumira* osa lui demander si la
loi qu'on venoit de rendre plaisoit à sa

sagesse? — Non, répondit *Azor; mais comme*
sujet & comme étranger, je m'y soumets ;
je dois en faire l'éloge , publier tous les
motifs qui pourront la justifier, & tâcher
de la rendre utile en ralliant autour d'elle
la confiance & la faveur même des mal-
veuillans qu'il faut inviter à bien faire. Ne
parlons plus d'un objet que vous-même devez
actuellement respecter. — Ces mots prononcés avec une certaine dignité, attesterent
à *Beaumira* que le monarque *scythe* connoissoit son métier.

Un député nommé *Deborlas*, pria *Azor*
de venir dîner chez son pere , & une cour
de représentans *perses* suivoit le bon fils
de *Babouc*. Ils entrent dans une maison
fastueuse, où tout annonçoit la richesse, le
luxe & la volupté. Un petit homme vient au
devant d'*Azor*, il voulut mettre de la grandeur & de la noblesse dans sa maniere
d'accueillir le roi voyageur ; mais celui-ci
n'eut pas de la peine à concevoir que ce
*petit homme* n'avoit pas reçu une éducation
distinguée ; il s'abandonna tout entier à la
conduite de *Beaumira*, qui lui paroissoit ce
que l'on appeloit alors un homme d'esprit,
infiniment aimable. Le repas fut triste ,

mais somptueux. On observa la grande
étiquette , ce ridicule usage s'étant refugié
dans la maison des financiers. On se dépêcha
donc de dîner ; puis, chacun alla causer dans
un coin du salon. *Azor* ne manqua pas
de faire de grandes révérences à madame
*Deborlas* & à ses filles ; il lui pressoit
de s'entretenir un instant tête-à-tête avec
son guide , & pour cela ils gagnerent le
jardin.

Ils allerent s'asseoir sous une charmille.
— Je cherchois depuis long-tems un homme
d'esprit , disoit *Azor* à demi-voix : je vous
supplie de m'instruire ; je voudrois connoître
à fond l'histoire de votre révolution , ses
causes & ses effets ? *Beaumira* se fit un
plaisir, comme un devoir, de lui donner tous
les détails qu'il crut nécessaires à son instruction.

## Discours de BEAUMIRA à AZOR.

Je vous dirai la vérité : je vais laisser couler ma narration entre l'impartialité & l'exactitude. Les prédécesseurs d'*Osymandias* ,
& sur-tout *Osymandias* le XIVme., avoient
ruiné l'état : *Osymandias* XV acheva cet
ouvrage destructeur, que deux mages, durant

le dernier siècle, avoient préparé. Au com-
mencement de celui-ci, il y eut une régence
très-orageuse. Le prince qui en fut chargé,
avoit du génie, il auroit dû faire le bien ;
mais corrompu lui-même, il ne fut environné que de corrupteurs ; il ne remplissoit
les devoirs du trône que par *interim*, & il
sacrifia la patrie à ses plaisirs & à ses courtisans, il gâta tout ; une banqueroute rétablit
l'équilibre, parce que la cour, sous le ministere économe du grand mage *Leurif*, se
vit contrainte de borner ses dépenses à la
recette des impôts.

La nation, ne lui prêtant plus, employa
ses capitaux à des exploitations rurales,
& à relever les manufactures, qu'un visir
nommé *Bolterc* avoit entrepris de ranimer
à l'exemple d'un grand peuple voisin. L'empire parvint en moins de trente ans à l'apo-
gée de sa splendeur & de sa prospérité.
On abusa de tout : on fatigua le commerçant
d'une foule d'inquisitions, on gêna son industrie & son activité, on le découragea ; puis,
on ouvrit des empruns que l'égoïsme remplit
avec promptitude, indice certain de l'indifférence générale sur les affaires de la
république ; on trouva plus commode d'em-

prunter que d'économiser ; les emprunteurs
favorisoient la paresse , & les prêteurs ,
sacrifiant leurs familles, devinrent le fardeau
de la société. Un autre genre de charge ne
fut pas moins accablant , c'étoit la horde
des *pensionaires*. Les libérateurs de la patrie
n'obtenoient rien ou peu de chose , tandis
que les valets de garde-robe, les coëffeurs,
les marchands de modes & les jongleurs
étoient enrichis des dépouilles du peuple.
Tout étoit parvenu au comble de l'excès
sous *Osymandias XVI*. On ne savoit plus
où donner de la tête , pour subvenir au
luxe & aux dépenses de l'épouse & des
freres du *grand roi* : ne croyez pas que tant
de trésors fussent employés à faire des heureux? Non, *Azor* : on consacroit cet argent au
jeu, des fripons l'emportoient ; à l'entretien
des courtisanes, que des escrocs ruinoient ;
au bien être des courtisans, que la faveur
aveugle récompensoit , & qui prodiguoient
l'or à des sous-ordres vicieux.

Le peuple opprimé n'avoit pas le droit
de se plaindre ; des délateurs recueilloient
les doléances du citoyen qui ôsoit les exhaler ; les critiques de l'homme d'esprit qui
se permettoit d'indiquer les abus & les

saillies, tant soit peu ingénieuses, qui pou-
voient égayer une conversation amicale.
Bientôt des satellites enlevoient le patriote
indiscret ; quelquefois on le transféroit à
deux cents lieues de *Persépolis*, on le ravis-
soit impitoyablement aux bras de son épouse,
aux caresses de ses enfans, aux larmes de
son père ou de sa mere ; on le plongeoit
dans un cachot, il restoit enfermé ; il étoit
mis presque toujours en liberté, sans connoître le moindre motif de cet attentat :
quelquefois, il y perdoit la vie.

Ce despotisme étoit une marque certaine
de la foiblesse de l'autorité royale que l'exer-
cice des loix ne pouvoit plus soutenir, tant
elles étoient gothiques & barbares, dispro-
portionnées à la somme des rayons de
philosophie que nous avons acquise ; les
grands conseils de justice ne vouloient plus
régistrer les loix fiscales qu'on leur envoyoit.
Le grand roi fut obligé, il y a trois ans, de
tenir un lit de justice ; cette séance avoit
pour objet d'enregistrer un plat emprunt du
grand mage *Rin-Bréne*. Cette violence ne
canonisa pas la loi auprès des prêteurs ; on
eut beau emprisonner deux magistrats,
exiler un prince du sang royal : tout cela ne

ne détermina point la confiance publique;
les coffres du trésor demeurerent vides.

Avant cette catastrophe, le visir *Neacoln*,
homme taré, avoit fait venir, de toutes les
parties de l'empire, les plus sages *Perses*
qu'il avoit consultés, sans que, dans la détresse
& la pénurie des finances, ils aient pu trouver un palliatif. Pour être au niveau de la
dépense, il auroit fallu dans la perception
des impôts, cent cinquante millions annuels
de plus, & le peuple avoit été tellement tra-
vaillé par les *Publicains*, qu'il auroit refusé
de nouvelles extorsions, & qu'il n'étoit plus
possible d'étendre le *maximum* des subsides.
Les tribunaux suprêmes, persécutés, exilés,
dispersés, demandoient la convocation d'une
assemblée législative. Les cris de la nation
se mêlerent aux leurs; par-tout l'insur-
rection menaçoit le repos public; l'armée se
déclara dès-lors en faveur des réclamans;
& bien que les besoins fussent pressans, de
toutes parts s'élevoient des refus unanimes,
prononcés avec indignation dans les provinces.

Le ministere essaya de faire massacrer,
par une légion, quatre ou cinq cents citoyens
dans un fauxbourg, où l'on disoit qu'un

peuple nombreux étoit le plus à craindre, &
de déployer, pour le supplice de deux prétendus rebelles, l'appareil effrayant de la
guerre dans une métropole qui n'y étoit pas
accoutumée. On avoit déjà massacré, par
les mains de la plus vile soldatesque, en
face de la statue du meilleur des rois, une
foule d'infortunés dont le sang avoit aussi
coulé dans plusieurs autres quartiers. Cette
politique barbare irrita les esprits; un
calme apparent succéda à l'orage, on n'a-
voit pas été dupe; tous les yeux avoient
reconnu qu'on avoit mis à l'épreuve le courage
& la fidélité des troupes & la poltronnerie du
peuple; ce subterfuge avoit redoublé la
haine nationale contre l'effronterie sanguinaire des visirs. Par-tout il y eut des insur-
rections, il fallut renvoyer les ministres,
& rappeller au timon des affaires l'ancien
visir *Keren*; on promit, pour avoir la paix,
l'assemblée législative, & je vous assure que
l'on fit bien.

Nous arrivâmes. *Keren* avoit eu le bon
esprit d'exiger que la représentation du
peuple fût égale à celle des mages & des
satrapes. Cette sage résolution me le rend
infiniment cher; & ce ministre emporte,

i

si non mes regrets, au moins mon estime
& ma reconnoissance. On ne vit notre présence qu'en se répentant de l'avoir provo-
quée; & dès ce moment on prit des mesures,
on tendit des pieges, on prépara des intrigues, on excita des cabales & des divisions
pour nous dissoudre. L'ordre du peuple ,
aussi nombreux que les deux autres, ouvrit
ses séances aux regards & aux oreilles de
ses commettans ; le public jugea ses démarches, son zele, son courage, ses résolutions
nobles & vraiment civiques ; il attendit
long-tems les mages & les satrapes , &
nous finîmes par nous *organiser* ; en déclarant que faute des deux autres ordres, nous
allions seuls exercer l'autorité législatrice :
notre assemblée se nomma l'*assemblée nationale*.

*Osymandias* veut tenir une séance royale.
On ne lui avoit pas laissé voir que notre
puissance étoit supérieure à la sienne ; que,
sans vouloir l'être, nous étions-là, avec la
faculté de faire un monarque ; que nous
étions les véritables représentans du peuple,
& que lui, délégué suprême par le droit
éphémere de succession , étoit l'*avoué* de ses
aïeux sans l'avoir jamais été de ses sujets.

Il

Il tint donc ce lit de justice, & comme il étoit hors de son autorité, il lui donna l'appareil de la force & de la violence ; il menaça, il parla en despote ; mais ce langage ne fit pas la sensation que les *Satrapes* en attendoient. Nos courages se ranimerent à la vue de l'opinion publique, qui vint s'offrir à nous comme une égide secourable, comme une nacelle propice, qui devoit nous conduire au repos de la révolution & de la liberté. Nous ne désemparâmes pas, bien qu'un grand maître de cérémonie vînt nous ordonner de quitter nos siéges ; nous crûmes que ce courtisan devoit ôter son chapeau ; nous ne manquâmes pas de le lui dire, & il dût obéir. Nous eûmes le courage de la persévérance ; l'on nous interdisît l'entrée de notre salle sous de vains prétextes : nous prîmes le parti de nous réunir dans un jeu de paulme ; là, nous prêtâmes le serment de ne jamais nous désunir. *Laibil*, chef de la magistrature populaire *persépolitaine* nous présidoit alors ; & il faut convenir que sa conduite fut celle d'un bon *perse*. Les sous-mages, vexés par les grands, vinrent auprès de nous dans un temple, où nous avons tenu nos séances ; alors, nous eûmes une majorité marquée ;

D

il fallut nous rendre notre salle, & nous y délibérâmes à notre aise.

Cependant le peuple ne nous croyoit pas en sûreté; il y avoit une fermentation à *Persépolis* : les bourgeois étoient indignés; ils se déclarerent contre les intrigues meurtrieres de la cour; ils voyoient avec colere qu'on assembloit une armée dans le camp même où vous avez dû voir les vœux, les douleurs de nos freres, adressés au grand Etre, en mémoire des immolés dans une ville de l'empire. *Keren* est tout-à-coup disgracié. On pensa que l'on avoit formé le projet d'opérer notre expulsion à force armée. La nation osa sortir de son honteux engourdissement; elle résolut, sous notre direction, de mourir ou conquérir la liberté : elle s'étoit réunie sous les drapeaux d'une légion citoyenne, & c'est à l'ombre de cet étendard glorieux qu'elle peut vaincre ses ennemis ».

C'est donc alors, interrompit *Azor*, que la forteresse fut enlevée par le peuple, & que les satrapes & les guerriers qui la défendoient subîrent une mort cruelle. *Aurim* m'a tout dit; & il me semble qu'on a eu tort de sacrifier ces victimes. — Tort! répliqua

vivement *Beaumira :* on vous a trompé ;
c'étoit dans cette tour que le despotisme im-
moloit sécrétement, ou détenoit autant de
tems que cela lui plaisoit, ceux ou celles qui
lui faisoient le moindre ombrage. Cette tour,
antre de la vengeance & de la cruauté, étoit
en horreur aux dieux & aux mortels ; & les
méchants, qui en avoient l'administration,
exerçoient, sans honte & avec impunité, les
fonctions humiliantes de bourreau.

*Aurim* ne m'avoit pas tout dit, ajouta le
jeune roi des *Scythes*. — Je le crois bien : ce
mage là *canoniseroit* tous les crimes de la
cour. Il s'est montré, dans tous les tems,
violateur de la morale du divin *Zoroastre* ,
ne prêchant jamais qu'en faveur des *Satrapes & des mages* , & laissant à l'écart les
charitables loix d'une religion sainte, dont
il est l'indigne ministre. Il a un rare talent ;
s'il l'employoit au culte de la vérité & de la
justice, le peuple lui auroit déjà décerné plusieurs couronnes civiques. Cependant il est
son propre ouvrage ; fils d'un simple arti-
san, il ne seroit jamais plus estimable qu'en
soutenant la cause du peuple, dont il est
le prêtre & l'orateur ; il honoreroit le songe
& la mémoire de son pere : c'est un homme

d'esprit sans conscience. — Vos éclaircisse-
mens délivrent la mienne d'un fardeau bien
douloureux : je croyois la nation coupable.
— Non, assûrément : vous ne croirez jamais,
sage *Azor*, que ce soit un crime que de faire
tomber nos fers ». Le fils de *Babouc* recon-
noît dans ses états que la volonté générale
est au-dessus de la sienne, que le mal n'est
jamais permis aux rois, & que leurs bouches
ne doivent s'ouvrir que pour prononcer des
paroles de clémence , d'affection & de mi-
séricorde.

*Azor*, dont le gouvernement doux & pa-
ternel faisoit le bonheur des *Scythes*, imaginoit que, sous un prince juste, l'autorité
arbitraire étoit ce qu'il y avoit de meilleur;
comme il ne connoissoit pas de mauvais monarque dans la Dynastie *scythe*, il croyoit
impossible la perversité du souverain : il
n'avoit jamais attribué les malheurs d'un
peuple qu'à lui-même. — Ma surprise, avoua
le véridique *Azor*, vous enflamme ; mais laissez-moi vous révéler mes pensées : peut-être
serai - je alors excusable à vos yeux. Les
méchans rois n'éxisteroient pas , si ceux
qui les environnent n'avoient pas intérêt
qu'ils le fussent : mon pere & moi-même

eussions été des tyrans , si , menant une vie
pastorale , nous ne commandions pas à un
peuple de pasteurs. Vous avez raison, *Beaumira* , il faut aux *Perses* des loix qui im-
posent silence , non au prince qui ne peut
pas vouloir le mal , mais aux flatteurs corrompus qui le lui font vouloir , & qui réussissent toujours à le lui faire commettre. Si
nos esclaves avoient été intéressés à rendre
les *Scythes* malheureux & persécutés , ils
auroient intercepté, entre nous & nos sujets,
les rayons purs de la vérité ; ils auroient
excité des soulevemens parmi le peuple ,
qu'ils auroient calomnié , & dès-lors il n'y
auroit eu , entre nous & ce peuple avili , que
des loix atroces & des supplices. Nous aurions dû pour la sûreté de l'ordre public ,
multiplier les magistrats , augmenter les
soldats, répandre dans les différentes classes
des surveillans & des délateurs , & aggraver
le poids des impôts , pour fournir à la solde
de tous ces agens , ou perfides, ou oppresseurs de la tyrannie. Plus une nation est
difficile à gouverner , & plus les sous-ordres de l'autorité pensent avoir des droits
à la munificence du chef, de proche en proche , à mesure que les associations d'un

D 3

empire fléchissent sous l'influence intéressée
d'un gouvernement spéculateur ; le corps
administrant se compose d'un quart des in-
dividus, & le moyen qu'alors les trois autres
quart puissent suffire aux gages de cette
multitude qui les dévore ».

« Précisément, s'écrie *Beaumira : voilà* ce
qui nous est arrivé. On a toujours endormi
nos monarques : on les faisoit chasser, on
leur donnoit des maîtresses, on les environ-
noit d'imposteurs, on les plongeoit dans
toutes les illusions des voluptés, on fasci-
noit leurs regards, on leur inspiroit l'insouciance, & comment auroient-ils pu compa-
tir aux maux d'autrui ? Ils ne connoissoient
ni la douleur ni la misere ; ils n'avoient jamais vu souffrir personne. Pour éviter ces
écueils, nous avons cru qu'il falloit distin-
guer, dans les loix, les droits du peuple &
les devoirs des monarques. Quand dix rois
de suite, aussi sages que *Babouc*, vien-
droient nous gouverner ; quand on croiroit
que le *ciel* même s'occupe de notre bonheur
politique, la constitution, à laqu'elle nous
travaillons sans relâche, seroit un bien suprême, le *Palladium* de notre liberté &
l'égide impénétrable contre laquelle vien-

dront s'émousser tous les droits de l'intrigue
& de l'ambition ».

— Je vous entends; vous m'éclairez ; nos
idées s'accordent ; vous avez doublement
raison : vos intentions demeureront à jamais gravées dans mon souvenir. Continuez,
je vous prie, l'intéressant récit de votre révolution.

« La guerre étoit ouverte entre les oppresseurs & les opprimés : ceux-ci remporterent
la victoire ; ils traiterent en ennemis les tyrans qu'ils gageoient, & qui avoient osé
tirer sur eux. Un grand nombre de victimes,
immolées aux pieds de la forteresse, attes-
toit la déloyauté des vaincus : le peuple les
sacrifia ; il promena dans *Persépolis* leurs
têtes sanglantes. On les vit sans horreur &
sans effroi : on eut dit que c'étoient les hûres
de quelques sangliers enragés. Nous tenions
alors nos séances à huit mille de la capitale,
dans l'ancien séjour des rois ; c'est une pe-
tite ville, nommée *Elvarsiels*. On vint nous
apprendre cette nouvelle, nous la desirions
tous ; elle affermit notre autorité ; elle nous
donna l'assurance des vœux populaires; &
sans devenir fiers & impérieux, nous mon-
trâmes plus de courage & de fermeté. L'ar-

mée ne voulut point agir contre le peuple ;
& chose incroyable parmi les *Persépolitains !*
plus égoïstes efféminés & insoucians que les
*Ninivites* , nous vîmes trois jours après plus
de cent cinquante mille citoyens sous les armes
prêts à combattre & à mourir. Toutes les
rues de *Persépolis* étoient hérissées de piques
& de dards : dans les yeux d'une aimable
jeunesse brilloit le feu de la valeur ; elle
nous tendoit les bras , sourioit avec fierté ;
elle nous disoit : *Nous sommes prêts à mou-*
*rir pour vous. Allez, patriotes représentans,*
*ordonnez ; l'hydre de la tyrannie sera bien-*
*tôt abattu : nous desirons être la force pu-*
*blique chargée d'exécuter vos décrets.* Osy-
*mandias* , abandonné de ses perfides conseillers , se joignit à nous : cette démarche
prudente lui conserva la couronne ; il en
fallut une seconde , pour lui ramener les
cœurs & la confiance de ses sujets. Il dût se
montrer dans *Persépolis* : il parut au milieu
de deux cents représentans du peuple ; &
les bons *Persépolitains* lui porterent unani-
mement les hommages de leur amour & de
leur fidélité. Cette journée fut la plus belle de
toutes ; elle servit en quelque sorte de récompense à ceux qui avoient , trois jours aupa-

ravant, bravé tant de dangers. Les électeurs *persépolitains* avoient montré une énergie iuexprimable ; on ne sauroit trop les recommander au burin de l'histoire qui leur rendra justice, en déclarant que ces citoyens généreux ont seuls le plus contribué à l'acte étonnant de la révolution ».

— Ils ont sans doute obtenu des distinctions nationales ?

« Non, ils sont rentrés dans la classe des citoyens obscurs : les plus intriguans ont eu des places ; ceux qui les ont supplantés méritent moins, sans doute, l'honneur du choix ; mais tel est l'inconvénient du gouvernement électif & représentatif. Tant pis pour la nation, si ceux qu'elle a élus la trompent, elle ne doit alors imputer son erreur qu'à elle même. Après la législature nous rentrerons comme eux dans la classe de la multitude, nous l'avons décrété ainsi, la liberté ne pouvant pas exister sans l'égalité. Je continue : » Trois princes & tous les satrapes qui dévoroient notre substance, prirent la fuite. On leur attribue le complot horrible de faire égorger nos freres de *Persépolis*, qui sont aussi les leurs. S'ils avoient été innocens, ils auroient demandé la protection de l'assemblée, & nous la leur aurions accordée. Devenus tout-puissans par la faveur de l'opinion publique , nous décrétâmes la déclaration des droits de l'homme & la suppression de la dîme. Ces deux loix acheverent de nous concilier les suffrages unanimes du peuple.

Cependant le *pouvoir exécutif* fut obligé d'éloigner les troupes qui avoient refusé de servir sa vengeance , bien qu'un visir eût osé dire qu'il attacheroit à chaque arbre, dont un grand nombre garnit la route depuis *Persépolis* jusqu'à *Elvarsiels* , plusieurs têtes des patriotes ; ainsi il eût été possible d'en voir plus de dix mille. Ce visir-là a un caractere plus atroce que celui de *Phalaris* & de *Sardanapale*. Il fit bien celui-là de prendre la fuite , puisque son complice , amené par des paysans , fut décapité ainsi que son gendre ; le peuple commit en ces deux meurtres une grande injustice , je crois même un crime énorme ; mais on leur avoit dit que les deux satrapes étoient coupables , de maniere que *tout le monde avoit le droit de les tuer , excepté* le *bourreau*. Le prestige de cette adage affreux détermina les deux actions homicides que nous avons improu-

vées , & que nous regarderons dans tous
les tems comme une tache éternelle qui
flétrit les plus beaux momens de notre conquête. Nos ennemis secrets ont tout osé ,
malgré la force armée de plus de quatre
millions d'hommes : on accapara l'argent,
on éloigna ou l'on intercepta les bleds &
les farines, on auroit voulu livrer *Persépolis*
aux horreurs d'une famine de huit jours,
& durant cette crise tumultueuse, on auroit
favorisé , opéré très-aisément le retour de
l'ancien régime; on vouloit enlever *Osymandias* & le conduire à *Tezm*, place frontiere,
où tous nos ennemis n'auroient pas manqué
de se réunir , & d'allumer les torches de
la guerre civile. La raison publique exécuta
un plan extraordinaire , elle étoit indignée
des intrigues indécentes que les femmes des
*satrapes* pratiquoient à la cour , sous les
yeux de l'assemblée ; des cocardes que l'on
distribuoit, des couplets scandaleux que l'on
chantoit, des festins que l'on donnoit aux
dépens du trésor public , & de l'air triom-
phant que l'on affectoit , parce qu'on avoit
la certitude de voir partir le monarque.

Les *Persépolitains* instruits de ces écarts,
& pressés par la crainte de la famine, for-

merent la résolution de se présenter devant
le palais en corps d'armée, & d'inviter le
roi à venir habiter au sein de *Persépolis*.
Le peuple se réunit, il marche pêle-mêle
avec l'armée; il paroît que ses représentans
à l'hôtel-de-ville, protégerent, ordonnerent
même cette expédition, que l'on mît, sans
savoir pourquoi, sur le compte de l'assemblée législative; & en vérité nous n'y eûmes
d'autre part que celle de ne pas en être
fâchés. Du jour de l'invasion à celui de la
conquéte, on commit de grands désordres
dans le château d'*Elvarsiels*, provoqués par
les auteurs des orgies célebrées trois jours
auparavant. Ces téméraires furent punis de
leur aggression, on vit encore deux têtes
promenées au bout de deux lances. L'épouse
d'*Osymandias*, l'auguste *Arima tonania* fut
glacée d'effroi, parce qu'on lui imputoit
la mal-adresse d'encourager toutes les cabales anti-civiques ».

— Pensez-vous que cette imputation fût
fondée ?

« Oui; mais je dois dire que cette princesse,
trompée comme son époux, protégeoit des
intriguans, ses ennemis & les nôtres, &
qu'elle imaginoit que l'acte insidieux de cette

protection tenoit au devoir de sa dignité, aux
droits de son rang & aux loix de l'état.
Une pareille erreur l'exposa à la haine
générale, elle faillit subir le sort de la belle
*Astarté*, femme ambitieuse de *Pigmalion*,
roi de *Tyr*. Le peuple égaré auroit immolé
une victime innocente, & jugez alors de
notre deuil, de nos douleurs & de nos regrets.
Nous aimons, nous respectons tout ce qui
est cher au bon *Osymandias*, & nous pré-
férions la mort à lui causer le moindre
déplaisir ».

— Votre *Osymandias* est donc un sage?

« Non : c'est un homme de bien ; il aime
ses semblables ; sa franchise, sa loyauté, sa
bonhomie, son amour de la vérité & de la
justice, son desir loyal de faire le bien, ses
vertus, sa bienfaisance, tout nous le peint
avec les qualités simples d'un pere excellent,
qu'un sage ne pourroit jamais suppléer ;
nous ne lui faisons pas le moindre ombrage
& nous ne l'aurions jamais déplacé, s'il
n'avoit pas eu autour de lui des conseillers
perfides, ennemis du peuple, de sa liberté
& de son bonheur. *Osymandias* se rendit
au vœu national, il alla à *Persépolis* comme
un pere chéri qui se laisse conduire par ses

enfans, à travers une route inconnue & difficile. L'armée environna son char, il s'y
plaça avec toute sa famille, & il fut amené
en triomphe au milieu d'un million de citoyens qui l'attendoient, & qui s'embras-
soient en se félicitant de ce que le pere
commun leur étoit rendu. L'empire devoit
tout au courage & à l'activité des *Persépolitains;* & notre justice fut de décréter que,
ne pouvant pas nous séparer du pouvoir
exécutif, nous nous empresserions d'aller
tenir nos séances à *Persépolis.* O combien
ce peuple est aimable ! qu'il sait unir, lorsqu'il repousse l'erreur & l'intrigue, lorsqu'il
est dans un tel état d'énergie, qu'il écarte
tous les voiles mis entre ses yeux & la vérité ;
qu'il sait unir la douceur à la raison, la
fermeté à la persévérance ! mais on égare
la multitude comme l'on trompe les rois,
comme l'on nous trompe nous-mêmes ; &
pour vaincre les inconvéniens de l'erreur,
nous sommes forcés d'attendre que l'esprit
public se soit formé. Depuis qu'*Osymandias*
& l'assemblée sont à *Persépolis,* de légers
orages ont troublé l'ordre public. Là, finis-
sent, à-peu-près, les grands événemens de
notre révolution ; vous voyez que peu de

sang en a cimenté l'édifice, & que notre
cause étoit si vertueuse & si légitime, que
l'armée avoit abandonné le parti des
tyrans ».

— Ce récit est simple : je sens que c'est la
vérité elle-même que vous venez de me dire.
Le bonheur des sujets doit constituer celui
des rois, & je conçois qu'il n'y a rien de
mieux, quand on veut être irréprochable sur
le trône, que de s'entourer de conseillers
choisis par le peuple. J'adopte cette méthode,
& à mon retour aux bords de l'*Oxus*, je con-
voquerai une assemblée législative, calquée
sur la vôtre. *Beaumira* s'éloigna un instant.
*Azor* s'écria : « *Ithuriel!* ce sont des hom-
» mes comme *Aurim* qui vous ont instruit.
» Non! non, les *Perses* ne semblent point
» coupables ; ils ont conquis leur liberté,
» & tant mieux ! ce bien là est sacré ; per-
» sonne n'a eu le droit de le leur ravir ; &
» le système de fraternité qu'ils ont adopté,
» leur assure qu'ils ne le perdront plus, &
» que l'usurpateur, qui oseroit se présenter,
» seroit puni de mort ». Le soleil appro-
chant du haut de sa carriere, il fallut se
séparer, parce qu'il y avoit séance ce soir-
là même. *Azor*, dans son char, avoit l'ame

épanouie ; il disoit : « Que je suis content !
mon pere avoit prouvé que tout *étoit passable* à *Persépolis*, j'espere, moi, démontrer
que tout y sera incessamment le mieux du
monde ». — *Beaumira* loua l'esprit, la politesse, la douceur, les lumieres d'*Azor* par-
tout où il alla, tandis que les ennemis du
bonheur public crurent qu'il falloit le
perdre.

## CHAPITRE XI.

Il passa la soirée à réfléchir tout en par-
courant les rues de *Persépolis*. Il se trouva
par hazard à la porte d'un édifice fort ordi-
naire ; ses esclaves lui dirent que s'il vouloit
descendre & entrer dans cette maison, il y
verroit la réunion de tous les arts mis en
action par le talisman du génie. Arrivé
dans cet antre magique, il y vit une tragédie
grecque : *Iphigénie*, l'histoire des *Atrides*
lui étoient connues ; *Clytemnestre*, ses malheurs, ses larmes, la vie fugitive & vaga-
bonde d'*Oreste* lui avoient été montrés dès
son enfance comme des modeles d'héroïsme.
On avoit voulu monter son courage au
niveau

niveau de celui d'*Achylle* ; mais la raison
lui avoit appris que tous ces héros & ces hé-
roïnes, demi-dieux & demi-déesses, n'of-
froient que des fictions, intéressantes pour
la poësie ; cependant il supporta la variété
des tableaux dans cette majestueuse représentation. Il ne fut affligé qu'au moment où
les *Grecs*, ce peuple esclave, chantoient
leur auguste reine, & où les *Perses* applau-
dissoient avec transport ce chœur sublime.
« Vous applaudissez, dit-il à une dame
qui étoit à côté de lui, c'est l'allusion sans-
doute ?—Oui, Monsieur, notre souveraine
est adorable, c'est un courage rare que l'on
a pas su apprécier, & que l'on a cessé d'aimer
sans savoir pourquoi. Cependant les dames
sont toujours aimables, on peut dire qu'elles
ont des torts, mais ce seroit violer les devoirs
de la galanterie que de cesser de les chérir.
Quant à moi, je ne croirai jamais que la
reine des *Perses* soit telle qu'on la présente ;
j'ai ouï dire qu'elle seroit digne de succéder
à *Sémiramis*, & je le crois de tout mon
cœur.

*Azéma* étoit le nom de la *belle Perse*, à côté
de laquelle on avoit conduit tout exprès le
sage *Azor* : on auroit voulu le prendre dans

E

les filets de cette créature artificieuse; mais
un représentant du peuple vint lui apprendre à l'oreille le piége dangereux qu'on lui
tendoit. *Azéma* n'eut pas l'air de s'en appercevoir; mais dès l'instant même elle fut plus
réservée & plus silencieuse, elle prit le ton
du respect & de la modestie, elle invita le
*Scythe* à la venir voir; & il apprit, quand
elle fut partie, que cette femme lui étoit
détachée par les visirs pour lui tirer les *vers
du nez*. « C'est un usage de l'ancien régime :
» la cour veut connoître, lui dit-on, tous
» les étrangers; elle suppose toujours, lors-
» que des rois nous viennent visiter,
» qu'un intérêt politique motive leurs voya-
» ges, & sa défiance envoie auprès d'eux
» des espions déguisés, ce qui ne convient
» plus au mode de notre liberté. *Azéma*,
» que vous venez de voir, est l'ancienne
» maîtresse du frere d'*Osymandias*; & vous
» concevez bien que, devant sa prospérité,
» à l'ancien régime, elle en fait par-tout
» l'apothéose. On vouloit vous conduire à la
» cour ».

—Je vous entends; on n'y auroit rien gagné : je ne crois pas assez facilement, & je
n'estime, je n'admire dans toute cette so-

ciété , que l'auguste *Osymandias* , dont le plus grand malheur , suivant les apparences, est d'en être le chef. Je vous remercie de votre instruction ». Il quitta le théâtre pour retourner dans son hôtel : « Ils ont bien fait, disoit-il après tout, il seroit arrivé peut-être que j'aurois eu une foiblesse avec *Azéma*; & qui sait si cette foiblesse n'en n'auroit pas produit une seconde ? L'amour n'est pas dangereux en lui-même , mais il exige, pour prix de ses faveurs , tant de complaisances ! des sotises , des injustices , des procédés ridicules en sont les suites ; & que devient le héros, le grand homme , quand on a le droit de lui faire de pareils reproches ? »

## CHAPITRE XII.

A son retour il trouva une lettre d'*Oni-champ* , qui lui annonçoit qu'*Osymandias* & son auguste compagne *Arima-Tonania* l'at-tendoient pour le lendemain. Il vouloit voir cette cour si vantée d'une part, & si décriée de l'autre. Il ne tarda pas de s'endormir après un leger sorbet que son premier esclave lui avoit fait prendre : des songes agréables lui peignirent en rose tous les événemens de sa démarche royale.

Dès l'aube du jour on vint le parfumer. On déploya sous ses yeux les habits les plus magnifiques ; mais il n'en voulut que de simples. Il fut bientôt prêt & l'on partit : arrivé dans le château, on l'avertit que leurs majestés n'étoient pas encore visibles : « eh bien , je vais me promener dans le parc ; vous me ferez dire dans quel moment vous pouvez me conduire à l'audience ».

Sur les bords d'un fleuve paisible s'éleve une coline courbée en vaste amphithéâtre : les arbres touffus couvrent ce sîte vraiment romantique , où la nature déploie toutes les variétés & les richesses de ses couleurs. Partout on rencontre le chêne altier , autrefois honoré d'un culte religieux , le frêne élancé ennemi des reptiles , le sycomore hermaphrodite , l'orme verdoyant & le peuplier blanchâtre. A travers des allées de charmilles , on ne tarde pas d'arriver à la cîme du monticule ; delà , on découvre au loin dans une plaine immense les tours nombreuses & le monceau des édifices irréguliers , qui composent *Persépolis* ; une épaisse & sombre vapeur , qui obscurcit son horison &

là rivière sinueuse qui serpente dans les
campagnes, après avoir arrosé la plus su-
perbe cité du monde. Un doux zéphir rafraî-
chit de son haleine l'air athmosphérique,
impreigné des vapeurs humides de l'*aurore*.
Le chant des oiseaux, qui saluent le soleil
comme l'ame de l'univers, exprime encore
leur reconnoissance ; parce qu'il a présidé
au reveil des créatures animées par lui, &
qu'il les rend à leur sensibilité & à leur travaux ordinaires, tout s'embellit & prend
une nouvelle vie, à l'aspect des premiers
feux du jour.

*Azor* est dans l'enchantement ; il n'avoit
point vu ce magnifique spectacle, depuis
qu'avec son pere *Babouc* il étoit allé sur le
mont *Immaüs* voir le pere de la lumière se
lever du sein de la mer *Caspienne*, & remplir de son *prisme* éblouissant toutes les
contrées peuplées des sectaires du divin
*Zoroastre*. Les yeux du jeune *Scythe* avoit
à peine admiré tant de merveilles, que la
pelouse se mouille tout-à-coup sous ses pas,
& que l'eau jaillit avec violence des canaux
multipliés qui l'enferment : là, elle tombe
en napes dans de vastes bassins ; ici, elle coule
à torrens avec un bruit qui couvre le ra-

mage des oiseaux ; ailleurs, des bouches ; des urnes, des gueules en précipitent les flots écumeux ; plus loin, elle s'éleve au-dessus du peuplier le plus haut ; puis formant une pyramide perlée & diaphane, elle répete les rayons diversifiés du soleil.

*Azor* s'apperçoit que son marcher foule la violette, la prime-vere, le serpolet ; l'odeur qu'il respire, lui annonce qu'il profane les fleurs cheres à la nature ; & c'est à celle-ci qu'il rend un culte suprême : c'étoit sous sa dictée, que le sage *Babouc* avoit écrit la religion philosophique, enseignée à ses heureux sujets. Le respectueux *Azor* se prosterne, & l'œil fixé vers le ciel, il invoque l'ame immortelle de tous les globes terraqués. « Toi,
» qui ne te lassas jamais de prodiguer tes
» bienfaits aux humains étonnés, *œil & puis-*
» *sance de l'Etre infini*, reçois l'hommage
» de ma reconnoissance ; soutiens ma force
» & mon courage ; éloigne loin de moi les
» prestiges & les erreurs ; éclaire ma raison
» du flambeau de la vérité ; fais que ce sé-
» jour ne soit pas celui des crimes ; je ne
» veux pas y trouver des vertus ; mais j'ai-
» merois à n'y voir que des vices, des
» ridicules, des folies, des illusions : certai-

» nement, les génies ne sont pas inexorables;
» ils ne détruiront pas alors, mais ils corrige-
» ront seulement la cour & *Persépolis*,
» l'une étant folle à force d'orgueil & de
» prétentions, & l'autre ayant dans son sein
» bon nombre d'intriguans, de lâches, ou
» d'esprits faux à demi-instruits & présomp-
» tueux ! »

Il finissoit sa priere lorsqu'on vint l'inviter de se rendre au *château*. Des inconnus
l'aborderent. Ils oserent lui dire qu'ils vont
le conduire auprès du roi par le chemin le
plus court. Point du tout; ils le menent hors
du parc; là, loin de tous les regards, ils
veulent l'enlever; ces guides masqués lui
donnent l'alternative, ou de combattre contre
l'un d'eux, ou d'être transporté hors de
l'empire?

*Azor* étoit roi; un courage céleste le pé-
netre; *Ithuriel* le protege, il n'hésite pas,
il releve le cartel jetté par le plus grand de ses
aggresseurs. Si l'un montroit plus de force,
l'autre déployoit plus d'adresse. L'homme
au masque n'usoit que de sa supériorité
colossale, le *Scythe* avoit l'art de l'éviter;
celui-ci frappoit sans rien mesurer, celui-
là, toujours maître de lui-même, mesuroit

E 4

tous les coups qu'il portoit ; *Azor* ne crai
gnoit de son adversaire qu'un malheureux
hazard, & l'inconnu pour l'effrayer ne lais
soit éclater que les cris perçans de la fureur
Le perfide *Perse* reçoit, au moment où il se
découvre, tout le glaive du *Scythe* dans le
sein. Il tombe : son sang coule, il meurt en
déclarant qu'il méritoit bien son sort. Ses
trois complices sont épouvantés. — Etes-vous
braves ? leur dit *Azor*, osez vous découvrir,
je suis prêts à vous combattre l'un après
l'autre, sinon vivez ; je serai trop vangé si
vos remords peuvent expier vos attentats.
Fuyez ; je ne serois pas le maître de vous
dérober au fer des loix ».

Il se ressouvint de la route qu'on lui avoit
fait prendre, & il la suivit après avoir ra-
massé une tablette que le vaincu avoit laissé
tomber. Il se retire sans marcher trop vîte,
comme un brave guerrier ; rentré dans le
parc, il lit les caracteres gravés sur la cire.
— *Défaites-vous de cet avanturier Scythe,
il se dit roi de sa patrie, cinq cent dracmes
d'or seront le prix de votre victoire. Si c'é-
toit un monarque, il se plairoit, il iroit à la
cour ; mais la preuve qu'il en impose, c'est
le plaisir qu'il a de vivre avec les Perses ;*

*prétendus législateurs, implacables ennemis*
*du grand roi.*

— Cette cour abominable doit périr : plus
de graces pour elle, disoit-il. Anges exter-
minateurs, je ne fléchirai pas votre colere,
je la provoquerai, je la laisserai agir dans
toute sa rigueur ; & quelques soient les victimes qu'elle immole, je ne les plaindrai
pas ».

Il arrive au pied du trône, sa tablette à
la main & sa robe tachée de sang. — Vous
me voyez, grand roi, dans l'état d'un
homme qui, pour avoir eu l'imprudence de
me promener dans votre parc, d'en admirer
les détours champêtres & d'y avoir invoqué
l'ame du monde, l'astre majestueux de la
lumiere, a rencontré quatre brigans qui
l'ont égaré, & qui ont voulu le faire mourir ;
j'ai eu le bonheur de m'en défaire après
avoir tué le plus hardi ».

*Osymandias* en demeure immobile d'é-
tonnement & de douleur. *Arima-Tonania*
en parut touchée jusques aux larmes ; elle
s'empressa de faire apporter des restaurans,
de les présenter elle-même au brave *Azor*
qui les reçut avec reconnoissance. La garde
citoyenne courut de tous côtés pour joindre

& arrêter les trois assassins ; un cher les
avoit emportés ainsi que le cadavre du tué.
On les avoit bien vus , mais les fausses routes
qu'ils avoient prises en firent perdre totale-
ment la trace. Mille probabilités se réunirent
pour manifester que les *satrapes* lui avoient
détaché les quatre scélérats évadés , dans la
vue de calomnier le peuple en l'accusant de
cet attentat.

— N'en parlons plus , Madame , disoit-il
à la reine qui versoit des larmes. — Combien
je suis malheureuse ! illustre etranger , je ne
vie , depuis que je suis en *Perse* , que de
douleurs & d'amertumes. Oh ! si vous connoissiez combien je souffre ! vous auriez
pitié de mon sort ». Les courtisans se reti-
rent. Le couple auguste & le roi *Scythe*
demeurent seuls.

### discours d'*Arima-Tonania* à *Azor*.

« Nous avons la douceur & la consolation
d'épancher nos peines dans l'ame sensible
d'un frere , heureux par la sagesse , les lumieres & la modération dont il est doué.
Recevez nos confidences , vertueux *Azor* ,
vos conseils ranimeront notre courage ; nous
les suivrons avec exactitude , parce que les

moyens employés à faire votre bonhèur constitueront le nôtre.

Le ciel ne nous a pas donné en partage le présent de la perfection. Elevés dans l'orgueil du rang suprême, nous imaginions que les hommes devoient ramper devant nous. Bien ou mal commandés, ils sembloient devoir toujours obéir; les plaisirs nous paroissoient exclusivement réservés, jamais on ne nous parloit des peines des autres; nous rendions, il est vrai, quelquefois un culte indifférent à la bienfaisance, mais notre esprit, toujours impulsé par des visirs ou des courtisans, en faisoit un calcul politique entre notre dignité & notre réputation. Un instituteur inepte avoit élevé mon mari : en l'épousant, je vis bien qu'il étoit mal instruit, je l'excusai, parce que je savois que la raison corrige les torts de l'éducation; il étoit brusque, franc, loyal, juste & honnête; comme il ne trompoit personne, il n'imaginoit pas qu'il y eût des hommes faits pour le tromper, & moi-même je croyois qu'il étoit impossible, à l'aspect du trône, de s'avilir au procédé despectueux du mensonge; j'étois dans cette sécurité, tandis qu'on égaroit mes sens submergés dans la coupe enchanteresse du plaisir.

Cependant il n'y avoit point d'armées : les finances, loin d'être au niveau entre la dépense & la recette, languissoient épuisées; les peuples oppressés du poids des subsides gémissoient dans le silence; les ministres, pour étouffer les plaintes des êtres souffrans, & les cris des *lettrés* qui en étoient les organes, faisoient ouvrir sous leurs pas de profonds cachots, aux portes desquels s'évanouissoit la liberté avec l'espérance. On nous disoit que la justice & l'autorité demandoient cette rigueur, on prétendoit même qu'elle arrêtoit les progrès de la licence; & c'étoit à tyranniser les citoyens *perses*, que les visirs dilapidoient les revenus de l'état; & quand ces coups d'autorité nous étoient peints comme nécessaires, nous ne présumions pas qu'ils nous attiroient la haine, le mal-veillance, la défiance publique. On exerçoit des vengeances particulieres, on en parloit avec un malin plaisir; les journées s'écouloient sans que les abus nous eussent été dévoilés. Sage *Azor!* nous en sommes pénétrés de douleur, nous voudrions avec nos larmes & notre sang, réparer les maux cruels que notre aveugle confiance a laissé commettre. Figurez-vous des victimes

innocentes , des hommes de bien qu'on
enlevoit avec scandale au nom d'*Osyman-*
*dias* , & qui , étendus sur des couches ,
trop souvent flétries par l'haleine des coupables , les trempoient de leurs pleurs d'indignation. Peignez - vous l'état déplorable
de leurs épouses & de leurs enfans, toujours
tristes & quelquefois malheureux.

*Osymandias* , quel supplice pour votre
ame & la mienne , & comment expier tant
d'horreurs ! Nous avons persécuté l'innocence & la vertu : nous avons souffert qu'on
accablât le peuple d'impositions, pour fournir à notre luxe effréné , & qu'on empruntât
de toutes mains à des taux exhorbitans.
Si la pauvreté n'existe pas par-tout, un voile
léger d'aisance nous la dérobe : oh ! nous
ne connoissons pas toutes les peines secrettes,
tous les besoins pressans, toutes les inquié-
tudes déchirantes que nous avons causés.
Les homme dissolus , les méchans , les
corrupteurs jouissent seuls d'une opulence
injurieuse , fruits de leurs rapines & des
calamités de l'empire; des mains viles arra-
choient à l'autorité du sceptre des loix favo-
rables à l'extorsion ; elles ne cessoient de
tourmenter le pauvre qu'après l'avoir réduit

à mourir de misere , & à reposer ainsi
que sa famille sur quelques poignées de
paille. Tous ces malheurs arrivoient , parce
que nous les ignorions, & parce qu'en effet,
pourquoi ne pas le dire? la conviction n'é-
toit pas encore descendue dans nos cœurs.
Avouons-le : nous étions aveuglés, endurcis,
engoués même par ceux qui nous entou-
roient ; il a fallu pour dessiller nos yeux ,
toute la puissance électrique de la révolution. Nous avons vu que nous n'avions pas
un seul ami, que les respects & les hommages ne nous étoient déférés, qu'en pro-
portion des bienfaits , mesurés à chacun
suivant le caprice de notre volonté toujours
adroitement dirigée. Cela est si vrai , que
les courtisans en apparence les plus atta-
chés , nous ont tout-à-coup abandonnés.
Leur fuite nous a découvert le squelette
hideux , ou plutôt l'existence cadavéreuse
de nos profusions. L'autorité dans nos mains,
transformée en tyrannie, s'affoiblissoit tous
les jours, & nous étions dans une détresse
si déplorable , que les suppôts de notre
puissance nous retenoient dans leurs fers.

Je l'avouerai : nous cédions sans cesse ;
souffrir , dissimuler , craindre un abandon

général , voilà quel étoit notre sort. O sensible *Osymandias!* nous sommes les victimes
des méchans, les organes de leur tyrannie
& la cause passive de leur prospérité. Nos
intérêts , séparés de ceux de la nation,
n'étoient que les intérêts des privilegiés ,
qui venoient mendier notre appui, & la
mesure exhorbitante de leurs fortunes auroit
dû nous indiquer la mesure extrême de la
misere publique. Si nous avions jetté des
regards attendris dans le sein des provinces,
qu'y aurions-nous vu? Toutes les vexations
variés des traitans , des satrapes & de leurs
subalternes concussionnaires. O mon cher
*Osymandias !* ne versez pas des larmes ;
elles tombent sur mon cœur, elles me pous-
seroient au dernier désespoir : faites-moi
mourir, mais au moins avant la mort, épar-
gnez-moi le spectacle de vos douleurs !....

Je n'ai plus qu'un mot à dire. Nous avions
pris un luxe parasite pour le véritable orne-
ment du trône , tandis que la vertu, les
mœurs constituent seules la majesté des
rois. Enfin le croira-t-on? On nous chantoit
le bonheur public, quand , la voix du
peuple étouffée, on s'occupoit de con-
vertir en or ses dernieres larmes, la der-

niere goutte de son sang & de ses sueurs;
mais aujourd'hui en exécutant les loix
sanctionnées par lui-même, *Osymandias* aura
en sa faveur le vœu & la force publique;
il n'aura plus rien à la charge de sa conscience; & n'est-ce pas assez de nos regrets,
de nos remords même sur les calamités
qui ont accablé vingt millions de *Perses*,
& qu'il nous eût été facile de prévenir!

Ces dernieres paroles furent suivies d'un
torrent de pleurs; *Arima-Tonania* pressée
dans les bras de son auguste époux, s'évanouit. *Osymandias* lui-même ne donnoit
pas cours à ses sanglots, il les étouffoit.
*Azor* ne voulut pas rendre témoins de cette
scene touchante tous les courtisans, qui
s'impatientoient dans le salon voisin; il
fit respirer aux deux infortunés époux une
liqueur balsamique, qui leur rendit le calme
& la respiration; il pleuroit lui-même, il
ne trouvoit plus d'expressions consolantes;
stupides & immobiles, les trois interlocu-
teurs se regardoient tour-à-tour, sans
pouvoir se parler.

*Azor* pressa les mains d'*Osymandias* avec
un intérêt affectueux. — Tout sera réparé,
digne monarque des *perses* ! le jour brillera
bientôt,

bientôt, où vous serez heureux ; essuyez vos larmes, unissez-vous aux patriotes de votre empire ; qu'il y ait de vous à eux un accord parfait entre vos vertus & leur bonheur ; un peuple aimable & léger comme le vôtre ; oublie aisément les maux qu'on lui a faits ; laissez-lui composer ses loix, livrez-vous à l'émotion douce de votre sensibilité . . . royez qu'il vous aime & qu'il vous aimera d'avantage. Et vous, madame ! épouse trop malheureuse, montrez-vous aux *Perses*, écrivez-leur ; osez leur répéter ce que vous venez de me dire, ils en verseront des larmes comme moi-même ; vous vivrez avec eux comme une mere au milieu de ses enfans chéris.....

A ces mots, on interrompit la conversation, pour annoncer au roi que le président de l'assemblée législative étoit à l'attendre dans son cabinet. *Azor* resta seul un instant avec *Arima-Tonania*, qui lui parut douce, spirituelle, mais facile, aveugle dans son amitié & sa confiance. On passa la journée ensemble.

Après le dîner, une dame de la cour chanta avec une grace touchante, un goût infini, une romance faite pour donner des

regrets à deux augustes époux ; il en fut
douloureusement affecté.

Las ! ne puis rendre ma douleur !
N'ai plus qu'à mourir, tendre sire
Ne souffririez pas mon martyre,
Si bien vous connoissiez mon cœur.
A quoi nous sert grandeur suprême,
Si le pouvoir n'existe plus ?
On transforme en soins superflus,
Les saints devoirs du diadème.

J'étois adorée à seize ans,
N'ai fait aucun mal, je le jure ;
A trente ans j'ai vu l'imposture
M'accabler de ses traits méchans,
Ainsi l'innocente colombe
Tombe sous le bec du vautour ;
Ah ! quand j'inspirois tant d'amour,
Falloit m'enfermer dans la tombe.

Le trépas eut fait mon bonheur,
Des pleurs honorant ma mémoire
Auroient éternisé ma gloire ;
J'aurois méconnu la noirceur,
Les tourmens de la calomnie ;
Eh, que m'importe un vain espoir !
Quand cesse l'orgueil du pouvoir,
Faut couper le fil de la vie.

Le *Scythe* vit avec peine combien les
courtisans avoient d'empire sur ces deux

esprits qui , avec un *caractere* , auroient dû les maitriser. Il en reçut quelques uns avec mépris , quelques autres avec indignation. On osa rire de sa figure *tartare* , on plaisanta de son costume; comme il s'étoit montré le matin contre un brigand, on *ricanna* bas & avec mistere. — Que je vous plains , disoit-il au bon *Osymandias ;* les hommes qui vous entourent , sont de grands fripons & d'effrontés scélérats ! chassez-les , ayez d'autres amis; de pareils traîtres ne peuvent que vous brouiller avec vous-même & vos sujets. Je crois que ce sont ceux qui ont voulu me faire périr , je le saurai , & je vous jure que je ne vous abonnerai pas qu'on ait puni les coupables, de la maniere la plus éclatante. Ayez donc le courage de vous en séparer. Sans cette force d'ame , vous ne serez jamais réuni parfaitement à l'Assemblée nationale & à ses nombreux commettans. *Osymandias* le promit, Dieu sçait s'ils tint parole !

On se quitta le soir, on s'engagea mutuellement à se revoir , à s'unir d'une amitie plus étroite & plus affectueuse. Le sage *Scythe* , en s'enfonçant dans son char , se livra à toutes ses réflexions. « Oui, se disoit-il

F 2

en lui-même, voilà deux cœurs excellens;
mais qu'ils sont foibles & crédules ! je les
estime tous les deux, & je les aime de tout
mon cœur, ils méritent de régner sur un
peuple libre & heureux; je vois bien qu'il
n'y a que les intermédiaires de coupables,
que le roi & la nation sont de bonnes gens,
& que des intelligences perfides les ont
éloignés l'un des autres. Celui-là permettoit
la spoliation de celles-ci; il pensoit que cet
acte de rigueur étoit nécessaire. Oui; mais
ces dépouilles enrichissoient ces hommes
affreux, qui trompoient le prince & qui
divisoient le peuple. Allons *Ithuriel*, en
exterminant de pareils monstres, ta sévère
justice aura des droits éternels à l'hommage
unanime de la reconnoissance *persanne* ».

## CHAPITRE XIII.

IL fut éveillé le lendemain par *Cléobuline*
elle-même; il se leva avec précipitation —
le croirez-vous, dit-il : je n'ai pas encore eu
le bonheur de pouvoir converser un seul
instant avec l'honorable *Vebanar*. J'ai
pensé mille fois à vous, j'étoit affligé de

ne pas remplir l'agréable mission dont vous m'avez chargée. Croyez-bien que je ferai tout mon possible pour m'entretenir avec *Vebanar* & mériter son estime, sa confiance, son amitié dont je suis jaloux.

A ces mots des cris perçans retentissent dans la maison, la plainte de la douleur se fait entendre avec les expressions du désespoir. *Azor* accourt avec *Cléobuline*, ils voyent le courageux *Vébanar* qui s'arrache des bras de sa mere & de sa sœur & qui demeure immobile à la vue de la belle *persépolitaine*; celle-ci pousse les mêmes accens, elle veut également s'opposer à la démarche de son amant. — Ah! Monsieur, ah! Madame, s'écrioit l'intéressante *apolline*; c'est mon frere... Il court chercher la mort. Ah! ma mere, empêchez qu'il ne parte; il doit obéir à votre voix... Quoi! tu veux sacrifier à un préjugé barbare, l'utilité dont tu es à la patrie, le bonheur & la tranquillité de ta mere & de la malheureuse *apolline*.... Qui vas-tu combattre?.... Un ennemi de tes freres, des bons citoyens & de la liberté. Mon cher frere! au nom de la nature, des sentimens sacrés qui t'unissent à ma mere & à moi, reste auprès de nous...

— Non, cet effort est impossible , la loi de l'honneur est plus impérieuse que tous les droits de la nature & de l'amitié. Ma mere , *Apolline* , *Cléobuline* , laissez-moi ; vous devriez plutôt enflammer mon courage. Ah ! si je suis vainqueur, combien je serai plus digne de vous » ! Il s'élance hors de leurs bras. Les cris , les accens de la tendresse affligée retentissent au loin, la respectable *Amasia* s'évanouit ; *Apolline* , les cheveux éparts & les yeux noyés de larmes , n'oublie pas qu'elle doit secourir sa mere ; *Cléobuline* , dans un même état, s'occupe du même soin. L'on voyoit ces deux filles charmantes disputer à l'envi à qui montreroit plus d'empressement , d'intelligence & de vertu.

Cet instant d'embarras attacha une minutte l'attention du sage *Azor*, il voulut jouir, & il se reprocha bientôt après des alarmes , des peines & sur-tout de la vivacité avec laquelle l'amour soulage les objets qui lui sont chers. » O divinités tutelaires, anges de la vertu & » de la sensibilité , voici de quoi ranimer » celle qui vous intéresse , que vous chéris- » ses & dont le bonheur doit ajouter un » nouvel éclat à vos charmes ». En répen- dant quelques goutes d'une liqueur céleste ,

il invoquoit le puissant *Ithuriel*, il le prioit
d'accorder la victoire à *Vébanard*. « Il sera
» vainqueur, disoit-il, je vous en donne ma
parole ».

*Amasia* revient à elle-même, une force
divine se répand autour & dans l'ame des
trois affligées. La voix d'*Azor* que le génie
inspiroit en ce moment, fit descendre, dans
leurs cœurs moins agités, un rayon d'espérance & de consolation. — Ah! monsieur,
il reviendra!.. En êtes-vous bien sûr? — Je le
crois, vous êtes trop intéressantes & lui trop
précieux à sa patrie pour que le dieu qui
vous protége & cet empire, lui laisse perdre
la vie. Attendons !..

Il raconta ce qui lui étoit arrivé la veille
dans le parc du roi ; il prouva que sur cent
traits que deux champions lançoient l'un
contre l'autre, il y en avoient à peine cinq
qui donnoient la mort. » J'espere, ajouta-
» t-il, que l'on défendra les duels avec la plus
» sévere comme la plus juste raison. S'ils
» étoient utiles à la chose publique, il faudroit
» les tolérer ; mais le sang qui coule, la vic-
» time qui expire sous le fer du vainqueur
» sont perdus pour la patrie qui doit en
» porter le deuil ; une pareille victoire ne

» laisse, à celui qui l'obtient, que des regrets
» éternels. Moi-même je frémis, en me rap-
» pellant que le malheureux assassin, dont
» j'ai repoussé l'aggréssion, exprimoit ses
» remords avec son dernier soupir. Le pré-
» jugé de l'honneur existe, il faut le satis-
» faire, le courage en impose l'impérieux
» devoir; mais quand la loi aura effacé cette
» illusion, ceux qui oseront se mesurer dans
» des combats particuliers deviendront cou-
» pables ».

Un char se fait entendre, c'est celui de
*Vibanar*. Un éclair est moins rapide que lui,
il vole, il est dans les bras de sa mere, de
sa sœur & de son amante. Il les embrassa
toutes les trois, on lui rendit tous ses bai-
sers; jamais les bouches féminimes n'en
prodiguent p'us volontiers & davantage,
que lorsqu'ils sont le prix d'une victoire.
On est alors avec orgueil mere, sœur &
amante; on est fiere de marcher à côté de
celui que la gloire couronne, & dont la
valeur éprouvée, imprime le respect aux
audacieux; autant le péril du bien aimé
afflige, autant on est satisfaite de presser
dans ses bras le bien aimé revenu triom-
phant.

Cependant des pleurs involontaires bai-
gnoient les paupieres de *Vébanar*. « Ne
» parlons plus de ce combat, j'en frémis
» d'horreur & de pitié; quest-ce que c'est
» que l'honneur ? il impose à deux hommes
» offencés le devoir nécessaire de se tuer
» l'un ou l'autre. Quelle cruauté ! le mal
» que j'ai fait à mon adversaire m'est aussi
» sensible qu'à lui-même, j'aurois voulu
» étancher son sang par mes larmes. Oh !
» quel malheur »! ... Un domestique se présente, il assure de la part du médecin que la
blessure de *Zaleska*, c'étoit le nom du *sa-
trape* que *Vébanar* avoit vaincu, que cette
blessure profonde n'étoit pas mortelle &
qu'il répondoit de la vie du malade.

*Azor* invita les trois dames & l'honorable
vainqueur à dîner avec lui. Tous les représentans patriotes qui vinrent le voir
reçurent la même invitation. Son salon fut
bientôt composé de cent convives; il s'absente
un instant pour aller s'habiller, & il saisit le
moment où les dames avoient pris congé
de la société avec le même projet.

Les législateurs trouvoient le roi des *Scythes*
sinon beau, au moins le plus aimable des
hommes. *Beaumira* fit l'éloge de son esprit

& de son cœur, de sa raison & de sa profonde sagesse. On se dit à l'oreille : « Peut-
» être est-il envoyé par l'ange *Ithuriel*,
» comme son pere parmi les nôtres. Eh, tant
» mieux! nous ne serons pas ceux que le
» génie devra punir ».

Il s'étoit répandu dans *Persépolis*, qu'*Azor*
venoit offrir deux milliards au grand roi
*Osymandias*, & que cette somme énorme
s'appliqueroit à la solde des contre-révolu-
tionnaires. Les satrapes & les mages, qui
avoient dessein de le perdre, accréditoient
ces calomnies; mais au fond elles ne causoient
pas la moindre effervescence, étant reçues
avec mépris. « Qu'il ait telle mission que le
ciel voudra, dit *Vebanar*, il est homme
de bien, fier, brave, généreux, juste; il a
reçu de la nature des passions vives, &
l'éducation lui a donné des mœurs douces :
nous gagnerons beaucoup à en faire notre
ami ».

## CHAPITRE XIV.

Comme il étoit riche, & qu'il n'y avoit pas
de *déficit* dans ses finances, il fit déployer,

en moins de deux heures, un mobilier garni
de diamans dans une salle de la maison :
ce fut-là que fut servi le festin, avec un luxe
véritablement *asiatique*. Au bout du banquet étoit un trône, sur lequel il fit asseoir
*Amasia*, *Apolline* & *Cléobuline*; *Vebanar*
à droite & *Beaumira* à gauche ; il se plaça
en face & à l'autre bout sous le costume le
plus décent & le plus uni ; il affecta le ton le
plus gai, l'air le plus modeste, les manieres
les plus prévenantes. Ses mots, jettés dans
la conversation générale, la rendoient plus
piquantes : il s'étoit mis à la portée de tout
le monde ; & cette heureuse facilité répandit
le rire & la joie sur toutes les physionomies.
Il demanda, à la fin du repas, qu'elle prix
il falloit décerner à la valeur : *Beamira* déclara que c'étoit une couronne de laurier.
Tous les membres furent de son avis. — « Il
me semble qu'il y a une autre récompense
qui flatteroit davantage dans mes états. Je
permets aux héros de choisir parmi les
plus belles *Scythes* celles qu'ils imaginent
devoir les rendre heureux ». Il demanda que
*Amasia* eût le droit de délibérer, & en
même-tems, il assura qu'il n'étoit point
marié. *Vebanar* en frémit ; on s'apperçut d e

son trouble : on s'en égaya ; & sérieusement il y eut séance de *cour d'amour*.

Pour qui doit être heureux sous les loix de *l'amour*, la connoissance des vertus qui lui sont propres, est nécessaire. Aimer est-il un art qu'il faille savoir avant d'être épouse ou maîtresse, époux ou amant?

Telle fut la premiere question. On décida que l'amour étoit le résultat des développe-mens de la nature ; qu'il arrivoit quelquefois à la laideur comme à la beauté de le faire naître, & que des charmes touchans aux yeux de l'un se transformoient aux yeux de l'autre en objets de répugnance. On pensa que l'amour, enfant grossier de la nature, n'étoit point un art ; mais qu'on pouvoit avoir le talent de plaire, & de donner à de tendres épanchemens toutes les nuances de la déli-catesse & d'une intéressante sensibilité.

Qu'est-ce qui plaît davantage dans les jeunes personnes?

La modestie & la retenue : plus tendres & plus foibles, elles sont plus affectées que les hommes, lorsqu'elles ont une premiere inclination ; & c'est en raison de cette affec-tion vive & profonde, qu'elles sont moins sujettes à l'infidélité. On demeura d'accord sur ce principe.

Peut-on être heureux sans l'amour ?

Non, répliquèrent les jeunes législateurs : les sous-mages prétendirent que ce sentiment est un vice de la nature, une imperfection dans l'homme qui veut être parfaitement bon & vertueux... On se moqua de cette *Magiade* ; & *Vebanar* eut la parole.

» Mon cœur ne peut plus palpiter dans
» l'isolation ; il court au-devant de celui qui
» l'attire : il manque quelque chose à mon
» état, à mon bonheur : en vain je cherche
» dans l'amitié l'objet de mes espérances :
» l'amitié présente à mon ame toutes les dé-
» lices qui en font la nourriture ; mais ce
» n'est pas-là ce que mon cœur desire ; il
» ne sera d'accord avec lui-même que lors-
» qu'il aura la possession d'une épouse. Il
» me semble que sa société devra rendre ma
» raison plus saine & plus active, & qu'en
» cessant d'être célibataire, je deviendrai
» plus utile aux intérêts de ma patrie ».

— A votre âge, répliqua *Azor*, on est aimable. Il est bien naturel, *Vebanar*, qu'on desire d'être aimé : ne craindrez-vous pas les effets de la galanterie ? Il me semble que vous seriez bien à plaindre, si l'objet de votre amour, foible une fois, devenoit infi-

dele : il est des momens de hazard, où
l'ombre du mystere couvre l'aggression d'un
amant audacieux, & l'on est bien fragile,
lorsqu'à la perspective d'un instant heureux
se joint la certitude de ne pas être trahi. Il
faut y prendre garde......

— Non., Monsieur ! interrompt *Cléobuline*,
on ne le trahira jamais. On lui sera toujours
fidele. Notre sexe se détermine difficilement
à la honte. Il faut qu'une femme ait tout
le courage du vice, tout l'insouciance de
l'effronterie ; pour abandonner la dignité,
que lui donne l'estime publique, la décence
qui attache à ses pas le respect & la publi-
cité d'une conduite irréprochable , qui
impose silence à la langue des méchans.

— Vous êtes bien vive, intéressante Cléobuline ! *Azor*, continua *Beaumira*, nous a
appris très-adroitement ce que nous vou-
lions savoir ; & nous ferons tous nos efforts
pour combler vos vœux. Qu'il me soit
permis de considérer la question sous l'aspect de ses rapports politiques. Rien ne seroit
plus utile que des cours d'amour. Ces tribunaux charmans seroient la terreur des
célibataires , & dans chaque district, on
pourroit donner des roses & promettre des

époux aux filles qui auroient acquit le plus
de pefection dans l'art d'être bonnes citoyennes. Le moyen le plus sûr d'encourager
les mariages, consiste à inspirer aux jeunes
personnes, douceur, sagesse, amour du
travail, & aux garçons l'horreur du célibat. Des cours d'amour paroissent ridicules
& gothiques; eh bien! elles peuvent seules
épurer les mœurs, éloigner la prostitution,
les liaisons dangereuses, & y substituer
des habitudes régulieres, le sourire de l'innocence, la sérénité de la vertu & la paix
des familles.

Il n'ait en *Perses* un nombre à-peu-près
égal de garçons & de filles; si l'on défend
le célibat, tout le monde y sera bientôt
marié. Rarement les époux se tromperont
les uns & les autres; on ne se soucie gueres,
en pareille circonstance, d'adopter ce qui
peut appartenir à autrui, & de profaner
chez les autres un sanctuaire que l'on garde
avec tant de soin pour soi même. Quelle
force, quelle indissolubilité donneroit à
l'ordre social, l'adoption unanime de ces
nœuds chéris! les mages eux-mêmes doivent
se soumettre les premiers à cette loi, qu'il
faut que l'amour, d'accord avec la justice,

décrete en faveur de la beauté. Les ministres de *Zoroastre* ont dit que l'état du mariage étoit saint ; & pourquoi refuseroient-ils de s'y engager ? Tout état saint peut leur convenir ; ils sont en contradiction avec eux-mêmes sur un pacte charmant que la nature & la religion s'accordent à bénir.

Quelques mages murmurerent ; on leur cita une contrée où les prêtres voués au culte de *Cybele*, languissoient au sein de l'indifférence ; on osa leur dire, qu'on ne pouvoit permettre le célibat qu'à ceux qui ne sont plus éclairés par le flambeau d'amour. Mais terminons un pamphlet sanglant contre les célibataires. « *Vebanar*, expliquez-vous, ajouta *Beaumira* : quelle seroit la vierge douce & bien aimée que vous choisiriez pour épouse » ? *Amasia* l'invita elle-même à déclarer l'objet de son choix. Sa main s'unit sans qu'il s'en apperçut à celle de *Cléobuline*. Tout le monde se leva, des applandissemens retentirent dans la salle, & dix esclaves déposerent au pied du trône dix corbeilles, les unes remplies d'or, les autres des étoffes les plus précieuses, quelques-unes présentoient des collections de diamans.

Recevez

« Recevez ce présent, je vous prie, s'écria *Azor* avec une joie inexprimable, s'adressant au couple que l'hymen alloit enchaîner : votre bonheur est le plus beau moment de ma vie. Non : le ciel ne donne pas de plaisir plus vif que celui que j'éprouve ; mes amis, nous sommes heureux ». *Apolline* s'attendrissoit ; le monarque *Scythe* étoit à ses genoux : — Je suis bien laid , bien hideux , je ne prétends pas commander à votre cœur ; j'adore vos appas , mais j'honore vos vertus. Ah! si ma physionomie, ma taille étoient aussi belles que mon ame est pure , je serois digne de vous. Je vous donne deux mois pour réfléchir sur ma proposition. A mon retour des bords de l'*Oxus* , j'oserai vous offrir ma main & mon trône ». Il jura de revenir chercher *Apolline* , & ce serment fut prononcé en invoquant le nom si redoutable du puissant génie *Ithuriel* , protecteur de son pere.

*Cléobuline* remercia affectueusement le roi des *Scythes; Vebanar* se félicita d'avoir trouvé un ami si vrai , si délicat & si sensible. *Amasia* déclara qu'*Apolline* ne pourroit être plus heureuse avec un autre époux; & les législateurs se retirerent , en disant

G

que le dîner avoit été délicieux, mais que
la scene du dessert l'avoit été bien davantage.

---

## CHAPITRE XV.

ITHURIEL lui apparut durant son sommeil :
« Acheve ta mission ; en demeurant plus
» long-tems à *Persépolis*, les génies recu-
» seroient ton rapport, & cet affront seroit
» suivi de toute cessation de commerce entre
» nous & toi. Pour achever de t'instruire,
» va trouver le philosophe *Sétoclès*, il ne
» tient à aucun parti ; il aime sincerement
» la liberté ; il est pauvre, mais il sait
» être sobre. Peu de choses constituent son
» bonheur ; lorsque le besoin l'opprime, il
» ne s'en plaint jamais, il souffre en silence.
» Lorsque les *Perses* firent leur révolution,
» il montra du courage & du zele ; nul inté-
» rêt personnel ne l'animoit, il n'avoit formé
» d'autre vœu que celui de voir briser les
» fers des tyrans ; modeste & simple, tu
» le verras ne soupirer qu'après le bonheur
» de sa patrie. Il se complaît dans son
» obscurité, tandis que des intriguans tumul-

» tueux subjuguent les pauvres *Perses* ; &
» qu'ils ont le projet funeste de les ramener
» dans leurs anciennes chaînes. Vois donc
» *Sétoclès* , il n'y a que lui qui puisse
» t'instruire dans *Persépolis* de tout ce que
» nous désirons savoir ». *Ithuriel* en dispa-
roissant, laisse briller dans l'épaisseur des
ténebres , des caracteres de feu, qui indi-
quent au roi des *Scythes* la demeure obscure
& ignorée du philosophe *Sétoclès*. *Azor*
remercia l'ange ; il s'éveilla , il fit ouvrir
ses rideaux ; il apprit avec étonnement que
le soleil avoit déjà parcouru un quart de
sa carriere.

## CHAPITRE XVI.

Il court à la maison du sage *Perse* , qui
l'accueille avec défiance, & qui craint de se
livrer à cet étranger. — Soyez confiant : je
viens m'instruire auprès de vous ; mon
desir est d'être utile à votre patrie ; je suis
roi des *Scythes*. Vous avez , sans doute ,
entendu parler de mon séjour à *Persépolis* ;
ainsi, je viens vous prier de me donner
votre opinion sur les conjonctures présen-

tes. Les vérités que vous pourrez me dire produiront, j'ose l'espérer, le salut de la *Perse*, sa régénération & son bonheur. Epanchez votre ame : dites-moi impartialement tout ce que vous pensez.

Les tyrans avoient persécuté *Sétoclès* : il étoit intimidé ; cependant il avoit oui parler d'*Azor* ; il crut reconnoître en lui tous les traits qu'on lui avoit peints : sa haute sagesse, la protection d'*Ithuriel*, le desir franc de voir son pays heureux, tout sembla concourir à lui inspirer une confiance aveugle. *Sétoclès* employa, à recevoir le monarque *scythe*, le ton de l'aisance, de l'estime & de l'affection : le philosophe, jeune encore, beau & bienfait, laissoit flotter sur sa robe de longs cheveux blonds ; des yeux vifs, une figure intéressante, un organe tendre sonore & flexible, de la grace, de la dignité dans son maintien, un front serein annonçent qu'il est homme de bien ; qu'il cultive la justice & la vérité ; qu'il aime sincerement ses semblables ; qu'il les plaint de leur crédulité, de leurs méprises, de leurs passions aveugles que l'on dirige au gré des tyrans & des préjugés qui les égarent.

### Dialogue entre AZOR & SÉTOCLÈS.

*Azor.* Dites-moi donc votre jugement sur
l'Assemblée nationale : croyez-vous que ses
travaux réussissent ?

*Sétoclès.* Le génie de ce corps lumineux
semble s'éteindre ; les clartés qu'il répand
expirent ; les étincelles qui en jaillissent ne
sont plus électriques ; l'énergie qui caractéri-
soit la plupart des membres s'est évanouie ;
ceux dont on attendoit le plus d'efforts & de
talens gardent le plus profond silence ; il
est vrai que certains sujets, vivant dans une
modeste obscurité au fond des provinces,
sont venus éclipser les phares de la capitale :
alors on a jugé de son insuffisance, & l'on
ne veut pas compromettre sa réputation
dans une lutte évidemment inégale. Cependant, si les uns ont plus de facilité à parler,
les autres ont plus de goût & connoissent
mieux l'art d'écrire : les premiers improvisent
heureusement : les seconds ont des pensées
énergiques, profondes & vraies, qu'il faut
leur donner le tems de tracer. L'amour-pro-
pre a fait taire la médiocrité, ou du moins
les conceptions du public ont été trompées ;
elles ont donné la préférence aux improvi-

G 3

sateurs, aux phrases, à l'éclat des sons :
j'aurois mieux aimé calculer la valeur, le
sens, la justesse de chaque période alignée
sur du papier, que de m'abandonner à la
séduction des accens. L'improvisation a de
grands dangers, sur-tout chez un peuple qui
jouit d'une liberté naissante, & que l'on
peut séduire d'un moment à l'autre. J'ai
analysé plusieurs fois les discours les mieux
improvisés; je croyois y trouver au moins
un plan, des idées saines, le résultat de quelques réflexions : point du tout ; tout est
devenu *poussiere* sous les traits de plume.
Cette improvisation a produit deux maux :
elle a fait dire aux uns des choses inutiles,
ridicules, incohérentes; & aux autres des
sophismes dangereux, des traits heureux,
répandus de loin en loin ; des éclairs
rapides signalent de tems à autre des para-
graphes exhubérans & parasites, & ce n'est
pas tout-à-fait-là le mode à employer pour
faire de bonnes loix. Calculer leur influence
sur l'esprit humain, les dispositions de
celui ci ; mettre les réglemens au niveau de
l'allure des mœurs; mesurer l'impulsion
politique de l'activité administrative avec
la marche variée, lente ou impétueuse des

intérêts personnels ; arrêter la fougue impérieuse de l'avidité sur la ligne au-delà de
laquelle il n'y a plus de probité ; y opposer
avec douceur la répercussion correctionnelle,
& placer les malheureux qui s'égarent sous
l'égide du mystere, c'eût été sans doute
l'effet le plus salutaire & le plus heureux de
la force publique. Il auroit donc été sage de
constituer l'ascendant & les fonctions de cette
force publique ; puis son organisation, ce
qu'elle auroit dû coûter, auroient occupé la
raison législative. On a fait le contraire, &
l'on a vu naître l'anarchie avec la licence,
c'est-à-dire qu'on a fait un sort aux influans
avant de tracer leurs devoirs & leur ministere envers les *influés*. Aussi les élections
sont-elles mal faites, & l'on voit une foule
d'hommes siégeant dans les places nouvelles
& prêts à enfreindre toutes les loix : ils ne
sont-là que pour de l'argent.

*Azor.* Le mage *Onichamp* me disoit : Il
y a quelques jours qu'il étoit sûr de la corruption des prochains élus ?

*Sétoclès.* Eh oui sans doute ! presque tous
ceux qui vont administrer & qui administrent sont les créatures de l'ancien régime :
les uns vivoient de ses bienfaits, les autres sont

enrichis de ses substances : il en est qui n'ont
pas rougi d'embrasser la cause de la liberté,
après avoir été, il y a deux ans, les plus vils
instrumens du despotisme, & même celui-ci
a produit leurs fortunes ; le grand chef de la
maison-de-ville est tiré de cette classe, que
le pouvoir exécutif accuse d'ingratitude, &
dont il stimule la reconnoissance. Presque
tous ses collegues exercent des fonctions
subalternes sous l'inspection des visirs, &
néanmoins ils administrent avec indépen-
dance, c'est-à-dire *apparamment :* moi j'ima-
gine qu'étant *valets* là & *maîtres* ailleurs,
on peut parier qu'un bout de chaîne continue
de les attacher au ministere, & qu'ils n'ont
pas cessé d'être esclaves.

*Azor.* Qui donc eût-il été à propos
d'élire ?

*Sétoclès.* Des citoyens, ou propriétaires,
ou industrieux, ou artistes, ou lettrés ; ceux-
là sentent le prix de la liberté, l'approche
épidémique du ministere ne les a jamais
corrompus ; jamais la protection dangereuse
n'est venue offrir à ces honnêtes contri-
buables une coupe d'or fabriquée avec les
pleurs de nos freres malheureux ; jamais
leurs mains pures & généreuses n'ont touché,

pour s'enrichir, les deniers des subsides ;
ils n'ont pas été les complices du *déficit*.
Oui, sage *Azor*, plusieurs de nos adminis-
trateurs ne doivent leur état qu'aux anciens
abus ; aujourd'hui on les prendroit pour des
hommes libres, & en ce cas, qu'ils restituent
donc leurs richesses extraites des profonds
stigmats que de lourdes chaînes nous ont
autrefois douloureusement imprimés. Ils
furent nos oppresseurs subalternes ; ils ont
l'affreuse habitude de ce mode oppressif ; ils
s'accordent peut-être encore avec les tyrans
cachés qui voudroient nous anéantir. Je
pense donc que l'Assemblée nationale auroit
dû décréter que tous particuliers qui seroient
fils des hommes, devenus riches par l'influence du ministere, ceux qui auroient occupé des places & qui les rempliroient encore
par la grace & sous l'influence du *pouvoir
constitué*, ceux qui auroient vécu de pensions
ou de bienfaits, seroient exclus, durant dix
ans, des avantages de l'activité civique. Il
eût été prudent de renvoyer tous les hommes
que le pouvoir exécutif employe ; en décré-
tant ces exceptions patriotiques, on auroit
laissé la servitude insolente à sa place, &
l'on auroit éloigné tous les intriguans ; cette

espece de gens vils ne croasse que dans les bourbiers , au sein desquels le despotisme cache ses perfides embûches. Une pareille loi auroit exclu les bavards, les envieux, les méchans, les calomniateurs, les immoraux : à la vérité il y auroit eu moins d'élégance dans les phrases ; mais une saine raison, un sens droit & juste dans les manieres & les résultats.

*Azor*. Vous croyez donc à la résurrection de l'ancien régime ?

*Sétoclès*. Le peuple se lassera de l'anarchie & de la licence ; les insinuations de nos ennemis peuvent le ramener à l'abjection de ses anciens usages , & pour peu que les factions lui promettent des soulagemens, pour peu qu'il en éprouve, qui sait, si dans l'excès de sa lassitude & de sa légereté, il n'ira pas prodiguer ses hommages & son encens à l'idole trompeuse & destructive qu'il foudroya l'année derniere ? C'est la raison pour laquelle il falloit des hommes nouveaux , des ames novices absolument étrangeres aux adages du *systême plumitif*.

*Azor*. J'ai eu vos mêmes idées, je pense comme vous. Si les employés du pouvoir arbitraire font exécuter les loix de la liberté , ces loix bienfaisantes seront négligées ou éludées , & le moyen alors que la constitution réussisse ?

*Sétoclès.* Les électeurs primaires sont découragés , ils restent en paix dans leur asyle depuis que le chef de la maison-de-ville s'est cru légalement institué par douze mille cinq cent voix sur quatorze mille cinq cent votans , tandis qu'il sait que quatre-vingt-dix-sept mille citoyens actifs habitent la capitale. Cette élection, légale à la rigueur, invitoit à la délicatesse ; & je dois vous dire que , n'ayant pas été délicat, tous les autres ont suivi ce funeste exemple ; ainsi, tous ceux que des écharpes décorent ne représentent que le plus petit nombre. On n'a pas dit cependant de la chose publique : *que m'importe ?* mais on a cru que *l'ignorance* étoit devenue l'esclave de l'intrigue, & qu'il étoit inutile d'exprimer des vœux désavoués par la toute-puissance d'une cabale audacieuse.

*Azor.* Vos élections sont-elles bien longues à se faire ?

*Sétoclès.* Très-longues ; & voilà ce qui donne tant d'avantages aux créatures de nos ennemis. Les citoyens laborieux sont marchands de tems, ils se doivent aux intérêts

de leur industrie, le seul véhicule qui les
fasse vivre ainsi que leurs familles; ils craignent d'en déranger l'équilibre; ils travail-
lent sans cesse; ils se tourmentent; ils
veillent eux-mêmes, ils sont plus économes
qu'autrefois; ce soin leur conserve une
aisance que les circonstances pénibles leur
feroient perdre s'ils étoient moins attentifs;
car aller aux sections, y monter la garde,
y élire, y intriguer, tout ce mouvement
n'exempte pas des *charges publiques*, & le
citoyen qui veut les payer est obligé, quand
sa fortune n'existe point encore, de rester à
ses affaires. Il reste alors dans les assemblées
primaires, ou les hommes riches, ou les intriguans, ou les préposés oisifs de l'ancien
régime envoyés à dessein pour accaparer les
suffrages. Afin d'éviter ces inconvéniens, les
élections devroient être faites dans le champ
de la fédération, au milieu d'une assemblée générale de citoyens actifs obligés de s'y rendre
& de déposer leurs scrutins dans des bouches
de bronze; cette cérémonie auguste em-
ployeroit, en été, deux après - midi de
fête; & je pense que les menées, les surprises,
les impostures n'auroient pas le tems d'our-
dir des trames malfaisantes & anti-civiques;

& ce mode magnifique seroit digne de la
majesté d'un grand peuple.

*Azor*. Tous ces gens-là peuvent favoriser
une contre-révolution ?

*Sétoclès*. Voilà pourquoi l'Assemblée nationale auroit dû les exclure ; ils, feignent,
comme on l'a dit, d'être les amis de la révolution, & ce ne sont que des *hypocrites
dangereux*. La cour se réjouit de leur nomi-
nation, ils doivent favoriser ses espérances,

*Azor*. Pensez-vous que cette révolution
soit solide ?

*Sétoclès*. Si l'Assemblée nationale ne sur-
veille pas mieux, il pourra arriver de grands
troubles, & nos ennemis qui sont plus
habiles, plus rusés, plus vigilans que nous,
déterminant en leur faveur les habitans des
campagnes, je crains alors une dissolution
générale. Les cultivateurs sont la premiere
colonne de notre liberté ; s'ils la répudient,
ses amis devront mourir ou recevoir des
fers.

*Azor*. Vous ne croyez donc pas que votre
roi & son épouse aiment la révolution ? Je
les ai vu ; vous pouvez compter sur eux.

*Sétoclès*. Ils n'ont pas encore dit publique-
ment qu'ils aimoient la révolution, qu'ils

juroient de nous maintenir libres, & qu'ils
reconnoissoient dans le peuple le *seul souverain légitime ;* je voudrois les voir venir
*librement & spontanément* nous faire ces
nobles aveux au milieu de l'Assemblée nationale, je les croirois alors nos vrais amis ;
j'aimerois aussi à voir souvent le monarque
encourager les législateurs & convenir géné-
reusement que le côté gauche a raison; il n'y
opineroit pas, car alors il gêneroit la liberté
des opinions; mais sa présence encourageroit
le patriotisme, & produiroit à la droite le
désespoir d'opprimer. Le couple auguste a
dû vous dire qu'il aimoit la révolution ; je
crois même qu'ils sont disposés à la bénir,
mais on les obsede de toutes parts; la vérité
a beau vouloir pénétrer jusques à eux,
elle est toujours éconduite. Des méchans
n'oublient jamais de leur retracer la splendeur d'une injuste puissance, & de peindre
le peuple, ses bons représentans, comme
des coupables de leze-majesté, comme une
multitude audacieuse & téméraire.

*Azor.* Je vous conçois : ce couple se laisse
conduire ; mais tous les membres du côté
*gauche* sont-ils irréprochables ? Pouvez-vous
compter sur eux ?

*Sétoclès.* Plusieurs sont ministériels, très-ministériels. La considération qui les a fait élire, est fondée sur les talens qu'ils avoient développés sous l'ancien régime. Le peuple n'a pas vu, en leur confiant ses pouvoirs qu'il se faisoit représenter par les honnêtes hommes de l'ancien régime, & que ceux-ci seroient fort déplacés dans le nouveau. Une portion de ces députés montre une coupable insouciance ; d'autres pensent & voyent bien, & ceux-là font les décrets ; ils entraînent, en se levant, les équivoques, les indifférens & les mal-instruits ; un grand nombre gagnent en paix & dans l'oisiveté leurs appointemens ; la majorité fait usage d'une économie sordide, ils ont à peine des vêtemens propres, on les prendroit pour les esclaves de leurs collegues. Je soutiens que cette parcimonie est un acte de bassesse ; ce qu'on leur donne est pour qu'ils honorent leur représentation, & l'on peut craindre que ceux qui thésaurisent sur leurs salaires, ne soient accessibles à la corruption. Dans l'un & l'autre cas, ils prouvent qu'ils sont inférieurs à leur dignité.

*Azor.* Ainsi, il n'y a point encore d'esprit public ; la constitution si vantée, est une

robe neuve qui ne sied point à la nation;
elle ne veut pas même s'habituer à la porter,
il n'y a que les citoyens qui, y trouvant leur
profit, desirent voir cette constitution s'établir ?

*Sétoclès.* Je ne suis pas si extrême ; je
pense qu'il y a de bons citoyens, & l'Assemblée nationale en compte beaucoup dans
son sein. Je crois que le bien & le mal sont
en équilibre , que le corps législatif peut
fixer l'un & chasser l'autre , & que les
*Perses,* légers, inconséquens, présomptueux,
deviendront , sinon parfaitement heureux,
au moins éclairés, délicats, réfléchis, justes,
libres , & sur-tout raisonnables.

*Azor.* Voilà votre espérance : ces mots,
je les attendois ! sage *Sétoclès* , vous venez
de les prononcer. Je reviendrai vous voir
à mon retour de *Scythie :* comptez sur
mon amitié , ma confiance & mon estime.

## CHAPITRE XVII.

De retour à sa maison, *Azor* trouva tout
préparé pour son départ; il laissa ses effets
les plus précieux entre les mains d'*Amasia*

&

& d'*Apolline*, il leur jura de nouveau le plus prompt retour ; il embrassa sa nouvelle famille, il lui souhaita toutes sortes de plaisirs , & il partit avec la satisfaction de se sentir mouillé des larmes de l'amitié. « Que je serai heureux , s'écrioit-il : je fléchirai l'ange , & je reviendrai vivre avec ces bonnes gens , ou plutôt ils viendront vivre avec moi ; *Vebanar* m'aidera à faire le bonheur de mes sujets , & ce bonheur fera le nôtre ».

Arrivé sur les bords de l'*Oxus* , il s'empressa d'aller présenter ses hommages à l'ange *Ithuriel* ; il tenoit dans sa main un morceau de cire. « Un artiste, dit-il, pour-
» roit faire de cette matiere une statue char-
» mante , lui prêter , d'après la nature , les
» formes les mieux proportionnées, toutes les
» graces & les rondeurs de la beauté. Il
» faut un certain tems , si l'on veut que
» l'art , d'accord avec le génie , perfectionne
» son ouvrage ; & ce n'est pas dans le
» moment de l'*ébauche* , que l'on peut juger
» le mérite du travail, dont est capable la
» main de l'ouvrier. En ce moment tout
» est en désordre dans l'attelier ; & si quel-
» que chose y existe , c'est l'inquiétude,

H

» c'est l'activité du talent. Tel a été l'état
» où j'ai trouvé la *Perse* : l'acte de sa régé-
» nération ressemble au morceau de cire,
» à l'artiste & à son attelier; il faut attendre
» que ce grand œuvre soit achevé, pour
» décider s'il est bon ou mauvais ; les
» troubles de la *Perse* sont une suite néces-
» saire des changemens qu'elle produit dans
» sa législation; les maux qu'elle éprouve
» ne supposent ni crime, ni innocence ;
» & s'il y avoit quelqu'un à punir, la colère
» des génies devroit tomber sur les mages,
» qui les trompent dans l'expression de
» leurs vœux & sur les satrapes, qui vou-
» droient opprimer & remettre les pauvres
» *Perses* dans leurs antiques entraves; dans
» le cas où le peuple se laisseroit avilir de
» nouveau , vous n'auriez pas besoin de
» le punir , il auroit pris lui-même ce soin
» rigoureux ; hélas ! vous en auriez pitié;
» les mages & les satrapes inventant chaque
» jour des supplices plus affreux qu'ils
» aimeroient à lui faire subir ». *Ithuriel*
déclara que le monde étoit libre d'aller
comme il lui plaisoit, que les hommes se
comportant bien , trouvoient leur récompense dans les prospérités dont il jouissoient;

& que, lorsqu'ils faisoient mal, ils s'exposoient à tous les fléaux de la nature & de la société. On convint là haut que les dieux devoient régler l'ordre de l'univers; mais qu'il ne leur appartenoit pas, lorsqu'ils avoient donné la liberté aux humains, de se mêler de leurs miseres, & de vouloir punir les crimes prétendus de ces atomes intelligens.

## FRAGMENS d'une lettre du Philosophe Sétoclès au sage Azor.

« Quelques bons citoyens, sage Azor, craignent de voir à chaque instant éclore les premieres étincelles d'une guerre civile. Les ci-devant Satrapes poussent les derniers cris du désespoir; ils mettent en œuvre tout ce que leur mauvais génie peut leur inspirer de perfide & d'affreux pour nous perdre; ils voudroient corrompre nos freres soldés qui portent avec nous les armes au service de la patrie, & dont quelques-uns se sont laissés séduire; mais sachez que nous sommes à-peu-près trois millions d'hommes armés, & que cette multitude est préparée à la mort plutôt qu'à l'esclavage ».

H 2

« Le fils d'un ancien visir vient de blesser la jeune *Thelma*, l'un de nos meilleurs représentans, à qui la cour reproche d'être ingrat, étant, suivant elle, comblé de ses bienfaits : *Thelma* répond qu'on ne lui a jamais donné que l'or du peuple, & qu'ainsi sa véritable bienfaitrice est la nation. Il raisonne juste ; un grand nombre de *Perses* veut que les effets de la munificence publique soient continués à *Thelma*. Le peuple a vengé ce représentant patriote : on est allé briser dans la maison de son ennemi tous les meubles précieux qu'on y a rencontrés ; c'est une grande licence, on en convient ; mais la nécessité en commandoit l'explosion, qui a mis en fuite une foule de spadassins, venus à *Persépolis* avec le projet de donner des cartels aux meilleurs citoyens. Ce désordre provoque une loi sévere contre les duels ». .

. . . . . . . . . . . . . . . . . . .

. . . . . . . . . . . . . . . . .

« Cette loi doit se borner à peu d'articles,

1°. Oter l'honneur de l'activité civique à tout *Perse* aggresseur, & lui imprimer le sceau de l'infamie durant dix ans seulement, pour avoir donné un cartel. . . . .

2°. Si le vaincu meurt de sa blessure, tim

brer le vainqueur sur les deux joues de la
lettre *F* ( *fratricide* ) & le livrer à sa honte
& à ses remords.

3°. Punir d'une détention de huit mois
tout citoyen qui, ayant en sa faveur une
injuste aggression, aura accepté le gage du
combat, ou le frapper d'infamie durant cinq
ans, avec la privation du titre de citoyen
actif ; s'il n'étoit que citoyen *français*, l'op-
tion ne lui seroit pas accordée ; parce qu'il
échapperoit alors aux effets de la loi.

4°. Si la fréquence des duels continuoit,
on rétabliroit durant deux, ou quatre, ou six
mois, la peine de mort contre les duellistes.
Alors on verroit bientôt s'effacer la rouille
repoussante de ce *barbarisme*. L'assemblée
nationale n'auroit pas à se reprocher l'*éter-
nisation* d'une loi sanguinaire, qui ne doit
être employée que pour ménager la vie des
citoyens & maintenir leur sûreté, loi déplorable qui, pareille à la loi *martiale*, ne peut
être que de circonstance » . . . . . . . . . . .
. . . . . . . . . . . . . . . . . . . . . . . . . . . . .
. . . . . . . . . . . . . . . . . . . . . . . . . . . . .
. . . . . . . . . . . . . . . . . . . . . . . . . . . . .

« Les domaines des mages se vendent fort
bien ; ils crient au sacrilege , à l'impiété ,

mais si quelqu'un est impie, ce sont eux. *Zoroastre a dit, d'après Smerdis : La patrie ,
avant tout ; & ses ministres osent dire : Nous,
avant la patrie !* »............
. . . . . . . . . . . . . . . . .
. . . . . . . . . . . . . . . .

« *Onichamp* vient de perdre sa place : les
sceaux de l'empire sont donnés à un jeune
jurisconsulte, plein de talent & de civisme ;
il se nomme *Tropus* : ( l'intelligence & la
vertu s'approchent donc de la cour ! le mérite nud, dénué de fortune, le mérite cherché
dans l'honorable médiocrité, va siéger au
pied du trône ! ) Il est beau, jeune, & d'une
gravité douce autant qu'aimable; son prédé-
cesseur va revenir parmi les représentans de
la nation & y jouer le rôle de patriote »...
. . . . . , . . . . . . . . . . .
. . . . . . . . . . . . . . . . .

« *Osymandias* conçoit la nécessité d'établir
un accord parfait entre les procédés du trône
& les actes de l'assemblée. Les trois nouveaux
ministres se montrent les amis de la constitution. ......Pourvu que l'ardeur de ce zele
dure, tout ira bien ; mais avec le charme
qui attire à la cour, on prend le goût de la
tyrannie.

« Les magistrats de la maison-de-ville ne vont pas au gré de nos desirs, ils présentent une collection presque complette des créatures de l'ancien régime ; ils en conservent encore les maximes & les manieres. Grands parleurs, grands disputeurs & quelquefois sophistes, ils embrouillent les intérêts les plus simples. Le peuple crie, il se plaint de les avoir élus ; la plupart d'entr'eux, ayant les regards fixés plutôt sur le trésor public que sur les devoirs qui leur sont imposés. Leur chef ne pense pas comme eux ; ainsi la chose publique marche à travers les orages des intérêts personnels & le conflit des opinions particulieres. On élit les membres des administrations supérieures. Le plus grand nombre qui veut être quelque chose, présente, parmi les électeurs, une foule d'aristocrates voilés.

Les provinces sont en proye à la brigue ; mais les cultivateurs ne se laissent pas endormir, & comme la constitution les rend heureux, ils la soutiennent malgré les homélies soporifiques de quelques sousmages gagnés au maintien des anciens préjugés par leurs supérieurs. » . . . . .

. . . . . . . . . . . . . . . . . . . . .

Le grand prêtre *Rin-Brene* a proposé de donner le caractere de la *grande magie* à tous ceux que le peuple auroit élus pour être initiés dans le *maximum* des mysteres religieux. Tout cela paroît très-remarquable & l'esprit public changeant nos mœurs, va peut-être enfin se plier, se plier à l'ordre de cette transformation salutaire.

FIN

www.ingramcontent.com/pod-product-compliance
Lightning Source LLC
Chambersburg PA
CBHW071832090426
42737CB00012B/2235